나는 죽고 예수로 사는 사람

나는 죽고 예수로 사는 사람

|유기성|

규장

| 추천사 |

유기성 목사님은 목회하시는 교회의 이름처럼 선한 목자이십니다. 그의 목회에는 푸른 초장을 향해 손짓하는 부드러운 초청이 있고, 그의 설교에는 잔잔한 물가로 인도하는 쉼의 은총이 있습니다. 유 목사님이 펴낸 이 책에도 이 시대 기독교인들의 삶의 기초를 부드럽게 확인하고 세우는 은혜의 콘텐츠가 꽉 차 있습니다. 그 은혜에 젖을 필요가 있는 기신자, 새신자 모두에게 흥분된 마음으로 추천하고 싶은 책입니다.

이동원 목사(지구촌교회)

《나는 죽고 예수로 사는 사람》을 통해서 유기성 목사님은 자신의 삶과 목회를 통해 십자가를 지는 것이 무엇인지, 어떻게 날마다 십자가를 질 수 있었는지, 하나님이 십자가를 통해서 우리와 어떻게 교제하시는지에 대해 참으로 진솔하게 기술하였습니다. 목사님의 성격대로 소곤소곤하고 담담하지만, 곱씹을수록 그 깊은 지혜의 비밀이 우리를 예수 그리스도의 심장으로 인도합니다.

십자가에 대한 수많은 고전이 있지만, 평소 시대와 문화에 따라 좀 더 구체적으로 삶에 적용할 수 있는 책이 필요하다고 생각해온 내게 이 책은 오늘날 우리의 삶에서 십자가의 진정한 도(道)를 좀 더 실제적으로 경험하도록 하는 데 고전과 비교해도 손색이 없다고 생각합니다. 정말이지 열심히 교회생활 하는데, 최선을 다해 신앙생활 하는데, 성령 체험을 했는데도 자신의 삶이 변화되지 않고 있다면, 반드시 이 책을 읽으십시오. 유기성 목사님은 그의 삶을 통해 십자가의 능력을 체험할 뿐만 아니라 예수 그리스도의 생명이 우리를 통해서 어떻게 나타나는지, 그 좁은 길을 명확하고도 상세히 인도해줄 수 있는 분입니다.

손기철 장로(HTM 대표, 온누리교회 장로, 건국대학교 생명환경과학대학 학장)

목양의 자리에서 복음의 증인이요 전사이며, 어버이이자 스승이며, 또한 거룩한 그리스도의 신부로 살아야 하는 목회자, 그가 외치는 복음이기에 그 복음은 실전적이며 절제되어 있으며 누구나 알아들을 수 있고 또 누구나 살아낼 수 있는 진리의 통로가 되는 것입니다.

간결함 속에 담긴 풍성한 은혜, 부드러움 안에 간직한 강직함, 확신 속에 거하면서도 전심어린 갈망을 잃지 않는 선한목자교회 유기성 목사님의 섬김을 통해 복음이 영화롭게 되며 한국 교회와 열방에 아름다운 일을 행하실 주님께 감사드리며 기쁨으로 이 책을 추천합니다.

김용의 선교사 (순회선교단 대표)

유기성 목사님을 만날 때마다 그에게는 '예수의 향기'가 납니다. 그에게 '십자가의 흔적'이 보입니다. 유 목사님께서 예수전도단에게 '화요모임'을 할 수 있도록 장소를 제공해주시면서 하신 말씀이 있습니다.

"재정적으로 교회에 도움도 안 되고 사용료를 충분히 낼 수 있는 형편이 안 되는 예수전도단에게 이 본당을 빌려주면 하나님이 갚으실 수밖에 없지 않습니까? 어차피 인간적인 계산이 나오지 않을 때는 믿음의 계산만 해야 합니다."

그 말씀을 들으면서 저는 유 목사님의 믿음과 하나님을 향한 사랑에 깊이 머리 숙일 수밖에 없었습니다. "십자가만 붙들고 사시고 하나님만 믿고 사세요!"라는 유 목사님의 설교에 저는 "저 분은 말씀하신 대로 사시는 분입니다. 제가 증인입니다!"라고 말할 수 있습니다. 유 목사님의 메시지를 들을 때마다 제 가슴에는 십자가를 향한 열망과 감사가 터져 나옵니다. 이 책 역시 유 목사님의 모든 경험과 시간들을 통해 깨달은 십자가의 능력을 소개하고 있습니다. 이 책을 읽으며 내 안에서 "나도 매일 이렇게 살고 싶다!"라는 외침이 들리는 듯합니다.

문희곤 목사 (예수전도단 대표)

| 프롤로그 |

예수님과 함께 죽고
예수님을 만나십시오!

최근 어느 목회자 성경연구 모임으로부터 강의를 부탁받아서 갔다가 한 목사님으로부터 이런 질문을 받았습니다.

"목사님의 리더십 유형은 무엇입니까?"

아마 그 목사님께서 저희 교회에 오셨다가 저를 보신 모양인데, 제 인상이 큰 규모의 교회를 담임할 목사로 보이지 않았던 모양입니다. 그때부터 제게 꼭 묻고 싶은 질문이었다고 합니다. 분명히 카리스마 형 리더십은 아니고, 그렇다면 교인들을 잘 섬기는 리더십인지, 아니면 부교역자나 평신도 리더에게 맡기는 방임형 리더십인지 궁금하셨던 것입니다.

저 역시 순간 제 리더십에 대해 명확히 드릴 말씀이 없었습니다. 그 어떤 유형이라고 말할 수 없었기 때문입니다. 솔직히 저도 잘 모르겠다는 것이 제 생각이었습니다. 그때 순간적으로 떠오른 것은, 만일 그런 유형이 있다면 교인들이 '계속해서 예수님을 바라보게 하는 유형'이라는 것입니다. 그것이 제가 지금까지 해온 목회이고 또 제가 할 수 있는 모든 것이라는 생각이 들었습니다.

예수님을 만나는 믿음의 여정

저는 3대째 목사입니다. 목사의 아들로 태어나는 순간 목사로 바쳐졌습니다. 저 같은 사람은 순순히 신학교에 가든지, 아니면 무지하게 매 맞고 신학교에 가든지 둘 중 하나라는 말에 저는 일찌감치 목사가 될 운명을 순순히 받아들였습니다.

그러나 저는 어려서부터 교회에 대해 회의가 많았습니다. 어려서부터 제가 보아온 것은 다투고 싸우는 교회의 모습이었습니다. 어떻게 늘 싸움뿐이었겠습니까만 아이들에게는 좋았던 기억보다 부모가 싸운 기억이 더 선명하게 남는 것처럼 어린 제게 교회 어른들은 늘 싸우는 사람들처럼 보였습니다. 어린 시절 저에게 가장 무서운 사람은 장로님이었습니다.

어머니는 제가 신학교 4학년 때 심장병으로 돌아가셨습니다. 저의 장인도 목사였는데, 제 아내가 대학 들어갈 때 간암으로 세상을 떠나셨습니다. 목회자의 삶은 너무나 힘든 삶이었습니다.

저는 목사 안수를 받을 때 기쁘지 않았습니다. 그렇게 싸우는 자리에 제가 서야 한다는 것이 마음을 무겁게 했습니다. 안수 받기 전날 밤거리를 하염없이 걸었습니다.

"정말 목사가 되어야 하나?"

이 모든 문제의 핵심은 제가 어려서부터 예수를 믿은 것 같지만 예수님을 인격적으로 알지 못했다는 데 있습니다.

저는 고등학교 때 고등부 예배를 드리는 가운데 예수님이 모든 믿는 사람 안에 계시다는 설교를 들었습니다. 그것은 제게 엄청난 충격이었습니다. 왜냐하면 그 당시 저는 예수님께서 제 안에 계시다는 것을 도무지 믿을 수가 없었기 때문입니다.

저는 신학교에 들어가면 예수님을 만날 줄 알았습니다. 그런데 그렇지 않았습니다. 목사가 되면 예수님을 만날 줄 알았습니다. 그렇지도 않았습니다. 예수님을 인격적으로 만나지 못했는데도 얼마든지 목회할 수 있고, 심지어 목회 잘한다는 평가를 받을 수도 있습니다. 정말 두려운 일입니다.

예수님이 나의 주님인가?

아버지가 목사였기 때문에 저 역시 한동안 '작은 종'이었습니다. 그러나 교인들이 그렇게 불러주었을 뿐이지, 사실 저는 주(主)의 종이 아니었습니다. 종치고 저 같은 종은 없었습니다. 신학도 하고 교회 봉사도 하고 목사까지 되었지만 주님이 지시하시는 대로 한 것이 아니라 제가 결정해서 제가 하고 싶은 대로 했습니다. 자기가 하고 싶은 대로 사는 사람을 종이라고 하지는 않지요.

저는 신학생 때, "예수님 한 분이면 충분합니다"라는 고백을 하지 못했습니다. 저는 이 고백의 정확한 의미도 몰랐을 뿐 아니라 이 말이 마치 목회에 실패한 사람의 변명처럼 들렸습니다. 그 당시 제 마음의 소원은 큰 교회 담임목사가 되는 것이었습니다.

목회에 성공하려면 학력도 경력도 영력도 갖추어야 한다고 생각하여 열심히 공부하고 실습도 좋은 교회에서 해야 한다고 생각했습니다. 저는 그것이 잘못이라고는 꿈에도 생각하지 않았습니다.

만일 "예수님 한 분이면 충분합니다"라고 하면 성공하는 목회에 대한 꿈을 포기해야 한다는 생각이 들었습니다. 하나님께서 "너는 나 하나면 충분하다면서?"라고 말씀하실 것 같았습니다. 제 마음 깊은 곳에서는 "예수님이 나의 주님이십니다! 나의 왕이십니다!"라고 고백하는 것에 대한 두려움이 있었습니다. 하나님께서 만일 내가 원치 않는 길로 나를 인도하시면 어떻게 하나 하는 불안함이 있었습니다.

그 이유는 단 하나였습니다. 제가 예수님을 인격적으로 알지 못했기 때문입니다. 제가 예수님을 인격적으로 알지 못했을 때, 은밀한 시간은 죄짓는 시간이었습니다. 그러나 예수님을 인격적으로 알고 난 다음, 은밀한 시간은 은밀한 은혜의 시간이 되었습니다.

나는 죽고 예수로 산다는 것

그리스도인은 이제부터 '나는 죽고 예수로 사는 사람'입니다. 저는 어떻게 해야 자신이 죽는지 고민했습니다. 그러다가 제가 깨달은 것은 주님이 이미 십자가에서 그 일을 이루셨고 우리에게 그 놀라운 일을 보여주셨다는 것입니다.

> 우리가 알거니와 우리 옛 사람이 예수와 함께 십자가에 못 박힌 것은 죄의 몸이 멸하여 다시는 우리가 죄에게 종노릇하지 아니하려 함이니… 만일 우리가 그리스도와 함께 죽었으면 또한 그와 함께 살 줄을 믿노니 (롬 6:6,8)

하나님께서는 제 자신에 대해 절망하게 하시고 "나는 죽었습니다!"라고 선언하게 만드셨습니다. 그 죽음을 경험하도록 이끄셨습니다. 결국 "하나님, 유기성은 죽었습니다"라는 진심어린 고백이 나오기까지 그렇게 오랜 시간이 걸린 것입니다.

십자가가 '나는 죽고 예수님으로 사는 능력'임을 알게 되면서 제 삶과 목회는 완전히 변화되었습니다. 저는 예수님과의 친밀한 관계에 눈떴습니다. 예수께서 왜 "네가 죽어야 한다"라고 하시는지 깨달았습니다.

그때부터 주님의 역사가 나타나기 시작했습니다. 목사인 제가 하려고 발버둥치는 목회를 한 것, 완전히 성령님께 복종하며 목회하지 못한 것이 문제였다면, 이제는 제 힘으로 도저히 할 수 없는 일을 만나도 주님의 뜻이라고 깨달으면 순종할 수 있게 되었습니다. 이미 내가 죽었기 때문입니다. 두려움도 없고, 평가에 대해서도 자유하고, 오직 예수님만 바라볼 수 있습니다.

예수 안에서 죽고 예수의 생명으로 사는 사람

저는 1984년 군목 훈련 중 중상을 입고 응급수술을 받을 때, 예수님을 인격적으로 만나는 체험을 했습니다. 예수님께서는 '나는 죽고 예수님으로 살며' 목회하는 삶에 대해 날마다 저를 훈련시키셨습니다. 지금도 저는 그 훈련을 받고 있습니다.

얼마 전에 부목사님 한 분을 충원할 상황이 되어서 하나님께

'사역도 잘하고 설교도 잘하고 신실하고 인물도 좋은' 목사님 한 분을 보내주시기를 기도하던 중에 갑자기 "너마저 그렇게 기도하면 어떻게 하느냐?" 하는 마음이 들었습니다. 가슴이 철렁했습니다. 하나님께서 제게 "모두 다 신실하고 일 잘하고 설교 잘하는 목사만 찾으면 실력이 모자라고 설교도 잘 못하고 인상도 좋지 않은 목사는 어디로 보내야 하느냐?" 하시는 것 같았습니다.

생각해보니 모든 조건을 두루 갖춘 좋은 사역자는 항상 소수였습니다. 그러자 "그렇다면 '아무도 데려가지 않는 사람이 있다면 제게 보내주세요!' 라고 기도해야 하나?" 하는 고민이 생겼습니다. 저는 제 생각을 내려놓고 기도했습니다.

"하나님이 보내실 사람을 보내주십시오. 어떤 조건을 달지는 않겠습니다. 어떤 사람을 보내주시든지 훌륭한 주의 종이 되도록 잘 섬기겠습니다. 하지만 단 한 가지, 예수님 한 분이면 충분한 사람, 예수님 안에서 죽고 예수님의 생명으로 사는 것이 분명한 사람이어야만 합니다!"

십자가에서 죽은 사람

저는 최근 저희 교회 교역자 기도모임에서 부교역자들에게 두 가지 사실을 공개적으로 회개했습니다. 예수님께서 그렇게 하기를 원하셨기 때문입니다.

첫째, 그동안 제 힘으로 부교역자들을 변화시키려고 했던 것을 회개했습니다. 예수님께서 부교역자들을 친히 가르치고 이끄신다는 것을 제가 온전히 믿지 못했음을 회개했습니다. 제 안에 제가 안 하면 안 된다는 생각 때문에 예수님 대신 제가 부교역자를 가르치려 애썼던 것입니다. 그 결과는 제게도 부교역자들에게도 항상 좋지 않았습니다. 예수님께서는 말씀으로 저를 깨우쳐주셨습니다. 이제는 부교역자들을 주님께 맡길 수 있습니다.

> 너희는 거룩하신 자에게서 기름부음을 받고 모든 것을 아느니라… 너희는 주께 받은 바 기름부음이 너희 안에 거하나니 아무도 너희를 가르칠 필요가 없고 오직 그의 기름부음이 모든 것을 너희에게 가르치며 또 참되고 거짓이 없으니 너희를 가

르치신 그대로 주 안에 거하라 (요일 2:20,27)

둘째로, 저는 부교역자를 능력으로 평가하고 있었던 것을 회개했습니다. 겉으로 표현하지 않았지만 속으로는 계속 교역자들을 평가하고 있었습니다. 저는 여전히 예수님을 신뢰하지 못했고 목회를 사람의 능력으로 하는 줄 오해하고 있었습니다. 주께서 그런 저의 마음을 기뻐하지 않으심을 깨달았습니다.

사역자를 보시는 하나님의 기준은 달랐습니다.

그러나 하나님께서 세상의 미련한 것들을 택하사 지혜 있는 자들을 부끄럽게 하려 하시고 세상의 약한 것들을 택하사 강한 것들을 부끄럽게 하려 하시며 하나님께서 세상의 천한 것들과 멸시 받는 것들과 없는 것들을 택하사 있는 것들을 폐하려 하시나니 이는 아무 육체라도 하나님 앞에서 자랑하지 못하게 하려 하심이라 (고전 1:27-29)

하나님께서는 그가 오직 십자가에서 죽은 사람인지 찾으셨습니다.

> 우리가 항상 예수 죽인 것을 몸에 짊어짐은 예수의 생명도 우리 몸에 나타나게 하려 함이라 우리 산 자가 항상 예수를 위하여 죽음에 넘기움은 예수의 생명이 또한 우리 죽을 육체에 나타나게 하려 함이라 그런즉 사망은 우리 안에서 역사하고 생명은 너희 안에서 하느니라 (고후 4:10-12)

이제부터는 저도 교역자들에게 "사역을 잘하시오. 설교를 잘하시오"라고 말하지 않을 것입니다. 오직 사역에서도 설교에서도 그 자신이 예수님과 함께 죽었음을 보여달라고 하기로 했습니다.

나는 죽고 예수로 사는 사람

저의 공개적인 회개 이후 많은 변화가 일어났습니다. 부교역자들 앞에서 제가 죽으니까 주님이 역사하시게 된 것입니다. 성령의 기름부음이 부교역자들에게 동일하게 임했습니다. 부교역자들이 진정한 동역자가 된 것입니다. 눈물이 많아졌고, 기도가 깊어졌습니다. 교우들을 사랑하고 섬기는 마음이 달라졌습니다. 제가 없는 주일에 부목사님들의 설교를 통해 교우들이 더 큰 은혜를 받는 모습을 봅니다. 이제는 날마다 주님으로부터 배운 것들을 함께 나누며, 더 많은 주의 종들이 일어나기를 소원하며 기도하고 있습니다.

아무쪼록 이 책을 통해서 나는 죽고 예수로 사는 사람의 능력, 십자가의 능력을 경험하고 함께 나누게 되기를 소원합니다. 모든 영광을 오직 하나님께 올려드립니다.

선한목자교회 믿음의 실험실에서
유기성

CONTENTS

추천사
프롤로그

chapter 01   십자가 능력을 경험하면
               예수님 한 분이면 충분한 인생이 된다 21

chapter 02   하나님께 자백하고
               죄 씻음 받는 삶으로 죄를 이겨나간다 45

chapter 03   하나님께 내 자아를 바쳐야
               나는 죽고 예수가 산다 70

chapter 04 온전한 순종이
성령 충만의 능력이다   105

chapter 05 염려하지 않는
진짜 믿음을 발휘하라   135

chapter 06 하늘 보화를 발견한 사람은
천국 소망에 눈뜬다   162

chapter 07 사랑만 하며 사는
축복을 누리는 인생을 살라   197

에필로그

십자가 능력을 경험하면
예수님 한 분이면 충분한 인생이 된다

십자가의 도가 멸망하는 자들에게는 미련한 것이요
구원을 얻는 우리에게는 하나님의 능력이라 (고전 1:18)

신앙의 회의가 찾아오는 이유

큰딸이 초등학교 4학년 때의 일입니다. 하루는 내게 와서 큰 고민이 생겼다는 듯이 말을 꺼냈습니다.

"아빠, 참 이상해."

"뭐가?"

이 말을 꺼낸 딸아이의 고민은 이랬습니다. 자기가 반에서 늘 1등만 하는 아이의 집에 가보았는데 너무나 열심히 불교를 믿는 집이더라는 것입니다. 그 아이의 엄마는 보살이라 불릴 정도였는데, 이 사실이 딸아이에게 어지간히 충격이었던 모양입니다. 순간 아이는 아버지가 목사이고 태어나서 쭉 교회에 다니며 아무런 의심 없이 믿어온 하나님에 대해 회의를 느낀 것입니다. 하나님이 정말 살아 계시다면, 하나님이 정말 복 주시는 하나님이시라면 어떻게 목사 딸이 아니라 보살 딸이 1등을 할 수 있느냐는 것이 딸의 반응이었습니다.

무조건 믿으라는 식의 신앙은 초등학교 4학년만 되어도 이렇게 흔들립니다. 실제로 말은 하지 않아도 많은 성도들이 이런 신앙의 갈등과 의문을 가지고 사는 것 같습니다.

"하나님은 정말 살아 계신가?"

"하나님은 정말 능력의 하나님이신가?"

"기도하면 정말 응답받는가? 기도했지만 응답받지 못한 것도 많은데 그럼 이것은 뭔가?"

때로는 하나님이 갑갑하게 느껴지기도 합니다. 예수 믿는 사람의 일이 무엇이든 잘된다면 전도하기가 얼마나 쉬울까요? 만약 그렇게 된다면 아마 교회 나오라고 말하기도 전에 교회는 사람들로 인산인해(人山人海)를 이룰 것입니다. 이렇게 간단히 전도할 수 있는 방법이 있는데, 왜 하나님은 그렇게 역사하지 않으실까 하고 아쉬워합니다.

실제로 교회 다니는 사람들 중에서 이런 안타까움을 가지고 있는 분도 있습니다.

"일가친척 모두 내가 열심히 교회 다니는 걸 아는데, 일이 이렇게 안 풀리고 사정이 더 어려워지니 혹시 하나님 영광 가리는 건 아닐까?"

나 역시 이런 의문으로 고민하던 때가 있었습니다. 그러다가 어느 순간 답답한 건 우리가 아니고 하나님이시라는 사실을 깨달았습니다. 하나님께서는 우리 삶을 다 보고 계십니다. 우리에게 복 주기 원하시며 잘되게 해주고 싶어 하십니다. 물론 그렇게 하실 능력도 있으십니다. 그런데도 그렇게 하실 수 없는, 주고 싶은데 줄 수 없는 하나님의 그 답답한 심정을 아십니까?

교회에 다닌다고 만사형통하거나 목사의 딸이라고 무조건 1등 하게 하실 수는 없는 노릇입니다. 그럼 왜 하나님께서 우리에게 무조건 복을 주실 수 없을까요? 그것은 우리가 하나님께서 역사하실 수 없도록 살고 있기 때문입니다.

교회를 그렇게 오래 다녔는데 왜 우리 삶에 능력이 나타나지 않을까요? 어째서 그리스도인으로서 주변 사람들에게 영향력을 끼치지 못할까요? 왜 문제에 부딪힐 때마다 족족 넘어집니까? 여기에는 분명한 이유가 있습니다.

십자가의 도는 어떤 능력인가?

구원 받지 못한 세상 사람들은 십자가를 보고도 그 의미를 알지 못합니다. 그들의 눈에 십자가는 그저 미련하고 어리석어 보일 뿐입니다. 그러나 구원 받은 우리에게 십자가는 하나님의 능력입니다.

> 십자가의 도(道)가 멸망하는 자들에게는 미련한 것이요 구원을 얻는 우리에게는 하나님의 능력이라 (고전 1:18)

그렇다면 당신은 십자가의 도가 어떤 능력인지 알고 있습니까? 십자가의 능력을 구체적으로 체험해본 적이 있습니까?

나도 어릴 때부터 수없이 십자가를 보며 자랐습니다. 그렇지만 십자가가 왜 능력인지 몰랐습니다. 내게 십자가는 그저 교회 표시, 성도 가정의 표시였을 뿐입니다. 예수님을 믿어도 제대로 믿지 못하는 사람은 십자가의 도가 왜 능력인지 모릅니다. 그냥 십자가일 뿐입니다. 십자가를 바라보면 왠지 마음이 편안해지고 여기가 예배당이구나 하는 느낌만 들 뿐입니다.

반면, 우리는 돈의 능력을 압니다. 세 살배기 어린아이도 돈의 능력을 압니다. 죄가 있어도 돈 있으면 무죄요(有錢無罪), 죄 없어도 돈 없으면 유죄(無錢有罪)라는 말이 생길 정도로 돈에는 분명히 능력이 있습니다. 그런데 그리스도인이라면서 돈의 능력은 알고 십자가의 능력은 모르는 신자라면 분명히 문제가 있습니다. 이러니 하나님께서 답답하실 수밖에 없는 노릇이 아닌가요.

능력도 증거도 없이 고작 초등학교 4학년생과 같은 신앙적 회의를 품고 살아가는 수준에서 벗어나기 원한다면 이제 우리의 신앙 기본기를 다시 점검해보아야 합니다. 무엇보다 먼저 십자가의 도(道)가 어떤 능력인지 반드시 알아야 합니다.

첫째, 십자가는 자신의 죄를 깨닫게 한다

십자가의 도는 내가 얼마나 큰 죄인인지를 깨닫게 하는 하나님의 능력입니다. '그게 뭐 대단한 능력이라고' 이런 생각이 들 수도 있습니다. 그러나 그렇지 않습니다.

많은 그리스도인들이 자기가 '죄인'이라고 고백합니다. 예수님의 십자가의 은혜로 '나 같은 죄인', '말할 수 없는 죄인', '벌레만도 못한 죄인'이 구원 받았다고 기도하고 찬송할 때마다 고백하면서도 누군가 자신의 허물을 지적하거나 비판하면 얼마나 화를 내는지 모릅니다. 실제로는 자신이 말할 수 없이 큰 죄인이라는 사실을 인정하지 않는 것입니다.

자신이 어느 정도로 죄인인지 자기가 얼마나 큰 죄인인지 정확히 깨닫게 해주는 것은 오직 십자가의 복음밖에 없습니다. 십자가를 보면 무엇이 보입니까? 내 죄를 위해 보배 피를 흘리신 예수님이 보입니다. 그 예수님이 십자가에 달려 죽으셔야만 비로소 해결 받을 수 있는 내 큰 죄가 보입니다. 이것이 십자가가 말해주는 첫 번째 메시지입니다.

누가복음 5장에는 예수님을 만난 베드로의 이야기가 나옵니다. 밤새도록 고기를 잡기 위해 그물을 던진 베드로가 한 마리도 잡지 못하고 아침이 되어 빈 그물을 씻고 있을 때 예수님이 오셨습니다. 예수님은 베드로의 배에 올라 해변에 앉은 사람들에게 천국 복음을 전하셨습니다. 이 말씀을 들으면서 베드로의 마음에도 놀라운 감동이 있었던 모양입니다.

말씀을 마치신 예수님이 베드로에게 "저 깊은 곳에 가서 그물을 내려 고기를 잡으라"고 말씀하셨을 때, 베드로는 "지금은 낮이고 깊은 물에는 고기도 없습니다"라고 대꾸하지 않고 명하신 대로 깊은 곳으로 가서 그물을 내렸습니다. 그러자 고기가 얼마나 많이 잡혔는지, 베드로 자신의 배는 물론 요한의 배까지 가라앉을 정도가 되었습니다.

그런데 베드로는 많은 고기를 잡고 좋아서 덩실덩실 춤을 추기는커녕, 예수님께 나아가 무릎을 꿇고 이렇게 말했습니다.

"주여, 나를 떠나소서! 나는 죄인이로소이다."

상황에 전혀 맞지 않는 베드로의 이 고백을 어떻게 이해해야 할까요? 사실 밤새도록 고생만 하고 고기 한 마리 못 잡은 어부가 아침에 뜻밖에 고기를 이렇게나 많이 잡았으면 어떤 반응이 나와야 정상입니까? 횡재를 만났으니 당연히 좋아해야 맞습니다. 예수님을 붙잡고 "덕분에 고기를 많이 잡았으니 2대 8로 나눕시다. 앞으로 계속 동업할까요?"라고 사업 제안이라도 했다면 말이 됩니다.

그렇지만 베드로는 예수님의 말씀으로 기적이 일어나는 것을 보는 순간, 영의 눈이 뜨여 예수님이 누구신지 그리고 자신이 누구인지를 깨닫게 되었습니다. 이것이 바로 영안이 열려서 예수님을 만난 사람의 표증입니다.

지금도 동일합니다. 성령의 역사로 십자가를 깨달은 성도가 경험하는 첫 번째 은혜는 십자가를 보면서 예수님을 십자가에 못 박은 자신을 보게 되는 것입니다. 자신이 얼마나 엄청난 죄인인지 전율에 휩싸일 만큼 자각하게 됩니다. 그래서 은혜를 받게 되면 통회 자복하는 역사부터 일어납니다. 하나님의 영이신 성령님이 나와 함께 계시고 나를 만나주시는 것을 느끼는 순간 내 죄악이 내 눈에 확연히 드러나기 때문입니다.

스스로 한번 진단해보십시오. 당신은 진짜 십자가의 능력을 깨달은 사람입니까? 당신은 다음 질문에 뭐라고 답하겠습니까?

"지금까지 살아오는 동안 당신 주변에서 당신보다 더 악질인 사람을 본 적 있습니까?"

대부분의 사람들은 "진짜 악질 많아요. 그 사람, 정말 나쁜 사람이에요!", "옆집 누구도 그렇고, 직장 누구도 그렇고, 교회의 모 집사도 그래요"라며 대답에 열을 올립니다. 그러나 이렇게 생각하는 사람은 아직 십자가의 능력으로 자기 죄를 보지 못한 사람입니다. 십자가를 보고 눈이 뜨인 사람은 아무도 자신을 의롭다고 생각하지 않습니다. 십자가의 능력을 통해 이미 자기 자신의 모습을 보았기 때문입니다.

간음하다가 현장에서 붙들린 여자가 예수님 앞에 끌려왔습니다. 마을 사람들은 당장이라도 여인을 돌로 쳐서 죽일 태세입니다. 모세의 율법에 따르면 그런 여자는 돌로 쳐서 죽여도 됩니다. 그들이 예수께 묻습니다.

"당신은 어떻게 하라고 하겠습니까?"

예수님은 바닥에 뭔가를 쓰시다가 이렇게 말씀하셨습니다.

"너희 중에 죄 없는 자가 먼저 돌로 쳐라."

놀라운 일이 벌어졌습니다. 의분(義憤)으로 가득 찼던 마을 사람들이 슬그머니 돌을 내려놓고 물러난 것입니다.

'이 여자는 간음한 죄가 있지만 나도 죄가 있다. 내가 이 여자에게 돌을 던질 자격이 있는가? 나도 똑같은 죄인인데!'

그들 안에서 통렬하게 자기 죄를 깨닫는 역사가 일어난 것입니다. 예수 믿고 변화되었습니까? 그렇다면 마음속에서 정죄의식으로 가득 찬 돌들이 내려오고, 입에서는 더 이상 남의 말이 나오지 않을 것입니다. 내가 어떤 사람인가요? 예수님을 십자가에 못 박아 죽인 장본인인 내가 무슨 말을 할 수 있겠습니까?

> 그런즉 이스라엘 온 집이 정녕 알지니 너희가 십자가에 못 박은 이 예수를 하나님이 주(主)와 그리스도가 되게 하셨느니라 하니라 (행 2:36)

> 우리가 그리스도 안에서 그의 은혜의 풍성함을 따라 그의 피로 말미암아 구속(救贖) 곧 죄 사함을 받았으니 (엡 1:7)

둘째, 십자가는 진짜 복이 무엇인지 깨닫게 한다

십자가의 도(道)는 우리가 어떤 복을 받았는지 깨닫게 합니다.

어떤 성도가 이런 말을 했습니다.

"목사님, 저는 예수님 믿었어도 별로 복 받은 게 없어요."

이 말에 공감하는 분들이 많을 것입니다. 예수님을 믿기는 믿었는데 복은 받은 것이 없습니까? 정말 그럴까요? 그렇다면 우리가 생각하는 복이란 무엇입니까?

몇 년 전 운전을 하면서 기독교 방송을 통해 어느 목사님의 부활절 설교를 들을 기회가 있었습니다.

"저에게는 생명처럼 소중한 것들이 있습니다. 아이들은 저를 아버지로서 존경하며 따르고 아내는 남편으로 극진히 사랑해주며, 많은 교인들이 저를 제법 좋은 목사로 인정해주고 있습니다. 만약 이것이 무너진다면 내 생명과 인생은 아무것도 아닙니다. 그런데 제게는 이런 복된 관계를 단번에 깨뜨릴 수 있는 죄와 허물이 있습니다."

나는 이 목사님이 지금 대체 무슨 이야기를 하려나 싶어 차를 세우고 좀 더 귀를 기울였습니다.

"그동안 제가 지은 죄의 십 분의 일, 아니 백 분의 일이라도 드러나고 공개된다면 그들은 제가 자신들의 아버지와 남편 그리고 목회자라는 사실을 인정하기 싫어할는지도 모릅니다. 그러면 저는 순식간에 제가 생명처럼 여기던 것들을 모조리 잃어버리게 되는 것입니다. 세상에 이처럼 치명적인 일이 어디 있겠습니까? 그래서 저는 죄의 삯이 사망이라는 말씀에 백 번 동의합니다. 자식에게 아버지로서 존경받지 못하고, 아내에게 남편으로서 사랑받지 못하고, 교인들에게 목사로서 인정받지 못한다면, 그것을 어떻게 살아 있는 것이라고 할 수 있겠습니까? 그래서 저는 속죄의 은혜가 가장 큰 복임을 믿습니다. 또 오직 의인은 믿음으로 산다는 말씀도 확실히 믿습니다. 제가 지금 바로 그 믿음으로 살기 때문입니다."

그렇습니다. 진짜 복은 속죄함을 받는 복입니다. 세상에서 돈, 명예, 성공을 다 얻었다 해도 숨긴 죄악이 모조리 드러나는 순간이 온다면 그것이 무슨 소용이 있겠습니까?

하나님 앞에서는 또 어떻습니까? 나중에 죽어서 하나님 앞에 갔는데 우리의 지난 과거의 기록이 모두 그대로 있다면 얼마나 괴롭겠습니까? 천국 도서관에 우리의 과거사가 담긴 필름이 전부 보관되어 있다면 아마 모두 자기 필름을 지키느라 아무것도 못할는지 모릅니다.

그러나 나는 두렵지 않습니다. 이미 필름이 모두 지워졌기 때문입니다. 바로 이것이 죄 사함입니다. 자다가도 춤추며 일어날 만큼 기쁘고 좋은 일입니다.

> 너희 죄가 주홍 같을지라도 눈과 같이 희어질 것이요 진홍같이 붉을지라도 양털같이 되리라 (사 1:18)

세상 사람들은 모두 언젠가 터질 시한폭탄을 안고 살아갑니다. 겉으로는 다들 그럴싸하고 멀쩡하게 보여도 그 사람의 과거를 들추고 파헤쳐보면 정말 기막힐 것입니다. 우리가 죽은 뒤 아무도 피할 수 없는 심판대 앞에서 그 죄들이 낱낱이 공개되는 것입니다. 그런데 우리는 예수 그리스도 안에서 모든 죄악과 허물이 다 씻음을 받아 깨끗해지는 복을 받았습니다. 시편 기자는 이렇게 말했습니다.

> 허물의 사함을 얻고 그 죄의 가리움을 받은 자는 복이 있도다 (시 32:1)

죄 사함의 은혜가 가장 큰 복입니다. 그런데도 우리는 "예수님 믿었어도 받은 복은 별로 없어요"라고 말합니다. 하나님께서 이 말을 들으신다면 어떤 심정이실까요? 하나님이 어떤 분이십니까? 우리의 죄 문제를 해결해주시기 위해 하나밖에 없는 자신의 아들까지 내어주신 분입니다. 결국 죄의 문제가 모든 문제의 해결입니다. 저주가 해결되었고, 지옥의 두려움이 사라졌고, 천국에서 하나님과 영생을 누릴 수 있게 되었습니다. 우리는 이미 가장 큰 복을 받은 사람들입니다.

셋째, 십자가는 하나님의 은혜와 사랑을 깨닫게 한다

십자가의 도는 하나님의 은혜와 사랑을 깨닫게 하는 능력입니다. 십자가를 통해 자신이 죄인임을 발견하고, 그 죄가 모두 사해졌다는 사실을 알게 된 성도는 이제 십자가의 또 다른 능력을 경험합니다. 도무지 이해할 수 없는 하나님의 사랑을 감격적으로 깨닫게 되는 것입니다. 스스로도 용납하기 힘든 나의 죄를 위해 하나님께서는 독생자 예수 그리스도에게 십자가를 지도록 하셨습니다. 죄는 분명히 내가 지었는데 죄값을 자신의 아들에게 담당시키실 뿐만 아니라 나에게는 도리어 하나님의 자녀가 되는 복을 주시다니 이것은 도무지 이해할 수 없는 사랑입니다.

> 그가 찔림은 우리의 허물을 인함이요 그가 상함은 우리의 죄악을 인함이라 그가 징계를 받음으로 우리가 평화를 누리고 그가 채찍에 맞음으로 우리가 나음을 입었도다 우리는 다 양 같아서 그릇 행하여 각기 제 길로 갔거늘 여호와께서는 우리

무리의 죄악을 그에게 담당시키셨도다 (사 53:5,6)

흔히 듣던 성구에 불과하던 이 말씀이 어느새 살아 있는 감격으로 내 속에서 깨달아지는 것입니다. 당신은 하나님이 당신을 정말 사랑하신다는 사실을 진심으로 믿고 있습니까? 대부분의 사람들이 "믿는다", "다 안다"라고 쉽게 말합니다. 그러나 정말 믿고 있는지, 정말 알고 있는지 확인해보십시오. 정말 하나님의 사랑을 믿게 된 사람은 얼굴 표정이 다르고 삶의 분위기가 다릅니다. 하나님의 사랑을 지식으로 말로만 믿었지 실제로 믿지 못하는 사람이 얼마나 많은지 모릅니다.

십자가는 하나님 사랑의 입증이다

몇 년 전 위기에 처한 십대 소녀들을 수용하는 사회복지시설에서 부흥회를 인도한 적이 있었습니다. 그곳에는 중고등학생 또래의 여자아이들이 100여 명 정도 모여 있었습니다. 그들이 얼마나 뜨겁게 찬송하고 기도하던지 말씀을 전하기도 전에 이미 부흥이 임한 것만 같았습니다.

그런데 말씀을 전하기에 앞서 기도하는데 '저들이 하나님의 사랑을 정말 믿는지 확인하라'는 강한 내면의 음성이 들려왔습니다. 내심 당연히 하나님의 사랑을 믿으니까 저렇게 뜨겁게 찬송하고 기도하리라는 생각이 들었지만 주신 마음에 순종하여 나는 이렇게 질문했습니다.

"여러분 중에 하나님께서 정말 자신을 사랑하신다는 사실이 솔직히 믿어지지 않는 사람이 있습니까? 손들어보세요."

그러자 맨 앞에 앉아 있던 아이가 쭈뼛쭈뼛 손을 들었습니다. 그런데 놀랍게도 연이어 뒤에, 그 뒤에, 그 뒤에, 계속해서 아이들이 손을 들기 시작했습니다. 나중에는 거기 모인 아이들이 전부 손을 든 것만 같았습니다. 그들은 자신의 망가진 인생, 불행한 가정을 보며 자신이 하나님의 사랑을 받을 만한 존재가 못 된다고 생각한 것입니다. 겉으로 그렇게 뜨겁게 찬송하고 기도하면서도 말입니다.

실제로 많은 성도들이 일이 잘 풀리면 '하나님께서 나를 사랑하시는가보다' 라고 생각하고, 일이 뜻대로 안 되고 어려우면 '하나님께서 왜 나를 이렇게 힘들게 하시나?' 하며 하나님의 사랑을 의심합니다. 이처럼 우리는 자기 눈앞에 펼쳐지는 현상만으로 하나님의 사랑을 확인하려고 합니다. 그러나 하나님의 사랑은 이미 확증된 진리입니다.

우리가 아직 죄인 되었을 때에 그리스도께서 우리를 위하여 죽으심으로 하나님께서 우리에게 대한 자기의 사랑을 확증하셨느니라 (롬 5:8)

하나님께서는 자신의 사랑을 십자가를 통해 확증하셨습니다. 우리가 아직 죄인이었을 때, 사랑받을 자격이 하나도 없을 때, 하나님께서는 이미 우리를 사랑하기로 작정하셨습니다. 사랑하는 독생자 예수 그리스도를 십자가에 달려 죽게 하기까지 '나'를 사랑하시고, 나의 죄 문제를 해결해주시고, 천국 백성이 되게 해주셨을 뿐 아니라 하나님의 자녀가 되는 권세도 주셨습니다. 이것이 하나님의 사랑입니다. 이 사랑을 정말 믿게 되면 아무리 큰 어려움이 와도 그의 삶이 흔들리지 않습니다. 고통과 역경이 하나님 사랑의 끝이 아니라는 것을 확실히 알기 때문입니다.

믿음의 기적을 일으키는 십자가의 능력

생전에 뵙지는 못했지만 나의 장인은 종교교회를 담임하셨던 박신원 목사님입니다. 장인어른은 40대의 젊은 나이에 간암으로 세상을 떠나셨습니다. 장모님은 슬퍼할 겨를도 없이 장례를 치르고 난 뒤 홀로 집으로 돌아왔고, 그제야 '아, 이제 정말 혼자구나'

하는 슬픔과 외로움이 밀려왔다고 합니다. 맏딸인 집사람이 두세 달 후 대학입시를 앞두고 있는 고3이었고 막내는 초등학교 1학년이었을 때라고 하니 그 막막한 심정이야 오죽했겠습니까. 사남매를 고스란히 남겨둔 채 남편은 세상을 떠났고, 사택도 곧 비워줘야 하니 집도 없고, 마땅히 먹고 살 방법도 없는 처지가 된 것입니다.

앞으로 어떻게 해야 할지 모르는 두려움과 염려가 걷잡을 수 없이 몰려왔을 때, 하필 교회 재정을 담당하는 장로님이 찾아와서 "교회에서 드리는 마지막 생활비입니다"라고 하며 봉투를 하나 놓고 가시더랍니다. 그 밤에 장모님은 펑펑 울며 밤을 지새우셨습니다.

"하나님, 어떻게 해요? 우리 어디 가서 살아요? 우리 아이들은 어떻게 공부시키고 어떻게 먹고 삽니까?"

그렇게 울며 밤새 기도하는데 동이 터올 무렵 갑자기 이런 생각이 드셨다고 합니다.

'하나님께서 남편을 불러 가실 때에는 다 뜻이 있을 텐데, 하나님께서 나와 아이들을 능히 먹이고 입히고 공부시키실 텐데, 내가 왜 이렇게 쓸데없이 걱정만 하고 있나?'

이런 믿음의 역사가 일어나자 슬픔과 두려움의 기도가 감사의 기도로 바뀌었습니다.

"하나님, 감사합니다. 하나님이 다 책임져주신다니 감사합니다. 먹을 것도 공부시킬 것도 다 마련해주실 테니 너무너무 감사합니다. 저는 걱정하지 않겠습니다."

그렇게 기도하다가 어느덧 새벽기도회 시간이 되었습니다. 새벽기도에 가려고 일어나 방안에 불을 켜보니 방바닥에 봉투 하나가 보였습니다. 바로 어제 저녁 장로님이 두고 가신 봉투였습니다. 그때 장모님은 하나님께서 다 책임져주실 것을 믿고 진정으로 감사하는 마음에 봉투를 열어보지 않고 그대로 감사헌금으로 바쳤다고 합니다.

나는 장모님께 이 이야기를 듣고 '믿음이라는 것은 그 자체가 기적이구나' 하고 생각했습니다. 그 믿음이 어디서 온 것일까요? 바로 십자가에서 온 것입니다. 십자가에서 확증된 하나님의 사랑을 진실로 믿는 사람이 어려움과 역경을 만나면 어떻게 됩니까? 그 사람은 하나님의 사랑을 의심하지 않고 그 속에서 하나님의 뜻과 계획을 찾아냅니다. 하나님의 사랑을 흔들림 없이 믿게 하는 능력, 이것이 바로 십자가에서 나온 놀라운 능력입니다.

엉터리 목사의 고백

1984년, 나는 군목으로 임관하기 위해 훈련소에 입소했습니다. 그런데 장교 훈련을 받다가 그만 고관절 부위가 부러지는 중상을 입고 국군통합병원으로 긴급 후송되어 응급수술을 받게 되었습니다.

군의관은 엑스레이 사진을 살펴보더니 상태가 매우 좋지 않다며 최선을 다하겠지만 완벽하게 치료하기는 어려워 아마도 십중팔구 다리를 절게 될 것이라고 말했습니다. 도무지 실감이 나지 않는 이야기였습니다. 내가 장애인이 되다니, 믿을 수가 없었습니다.

급하게 다음날로 수술 스케줄이 잡혔습니다. 너무 당황스러워서 어찌할 바를 몰랐습니다. 부모님과 아내에게는 연락을 해야겠는데, 마땅히 연락을 부탁할 사람조차 없었습니다. 또 연락을 한들 무슨 소용이 있을까 싶었습니다. 당장 내일 아침이면 수술인데….

수술 준비를 마친 의료진과 위생병이 나가고, 나는 수술 대기실에 홀로 남겨졌습니다. 시계를 보니 밤 11시가 넘어가고 있었습니다. 그제야 비로소 하나님이 생각났습니다.

"하나님!"

나는 큰 소리로 하나님을 불렀습니다. 그러나 하나님은 아무 응답이 없으셨습니다. 나는 다시 하나님을 찾았습니다.

"하나님…."

이렇게 세 번 하나님을 불렀습니다.

'아, 아무 대답이 없으시다니….'

순간 속에서 뜨거운 게 확 치밀어 오르며 통곡이 터져 나왔습니다. 너무나 비참했습니다. 내가 다리를 절게 되었다는 사실이 비참한 게 아닙니다. '아, 내가 엉터리 목사였구나!'라는 사실이 나를 비참하게 만들었습니다. 하나님을 열심히 믿고 설교도 열심히 하고 3대째 목사요 사람들로부터 "훌륭하다", "모범적이다"라는 칭찬을 들어온 나였습니다. 그런데 그런 내가 그 순간 하나님을 어떻게 찾는지도, 어떻게 해야 응답을 받는지도 모른다는 것이 너무 끔찍하게 느껴졌습니다.

사고가 아니라 은혜다!

그때 문득 머릿속에 번개처럼 떠오르는 일이 있었습니다.

나는 군 선교를 위해 군목(軍牧)으로 간다고 했습니다. 그러나 마음속 진정한 동기는 그게 아니었습니다. 사병생활보다 장교생활이 더 편해 보여서 지원한 것입니다. 또 군목의 특권으로 목사 안수도 일찍 받고, 제대하여 유학도 다녀오고, 나중에 큰 교회의 담임목사가 되는 것이 그 당시 나의 꿈이었습니다. 겉으로는 하나님의 종이라고 하면서 사실 내 안에는 하나님을 이용해서 성공해 보려는 교활한 야심이 있었던 것입니다.

나는 내 안에 육신의 정욕, 안목의 정욕, 이생의 자랑, 세상에 있는 모든 더러운 것들이 다 들어 있음을 그제야 깨달았습니다.

> 이는 세상에 있는 모든 것이 육신의 정욕과 안목의 정욕과 이
> 생의 자랑이니 다 아버지께로 좇아 온 것이 아니요 세상으로
> 좇아 온 것이라 (요일 2:16)

그날 밤 하나님께서 내 깊숙한 속까지 샅샅이 드러내 보여주실 때, 나는 밤새 얼마나 울며 회개했는지 모릅니다. 하나님이 보고 계신 것은 모르고 사람의 눈에 안 보이면 죄가 아닌 줄 알았습니다. 새벽녘이 되자 나는 내가 당한 사고가 사고가 아니라 은혜였음을 깨달았습니다.

'내가 이 모습 그대로 어떻게 목사가 될 수 있을까? 이대로 두면 안 될 것 같으니까 하나님께서 내 다리를 치셨구나!'

그때 나는 비로소 진짜 나 자신을 보게 되었습니다. 이토록 깊게 뿌리 박힌 죄를 어찌할지, 주님의 십자가 보혈의 능력으로 나를 씻어주시기를 간구하면서 그 새벽에 나는 예수님을 인격적으

로 만났습니다.

> 너희의 허물과 죄로 죽었던 너희를 살리셨도다 (엡 2:1)

그러자 다리를 절지 않도록 고쳐달라던 나의 기도제목이 바뀌었습니다.

"하나님, 이 오른쪽 다리를 하나님께 바치겠습니다."

사지(四肢)가 멀쩡하면 또다시 내 야망대로 살 테니 차라리 하나님을 위해 장애를 안고 살아가는 것이 낫겠다는 생각도 들었습니다.

"하나님, 저는 이제 진짜 하나님의 종이 되고 싶습니다. 하나님이 가라고 하시는 곳에서, 하나님께서 주시는 사명을 감당하다가 하나님 앞에 갔을 때, '나의 종아, 수고했다!' 이 말씀 한 마디만 해주시면 저는 원이 없겠어요."

그렇게 하나님 앞에 오른쪽 다리를 바치겠다고 고백하자 하염없이 눈물이 흘렀습니다. 하지만 이때 흘린 눈물은 두렵고 비참해서 흘린 것이 아니었습니다. 그때 나는 분명히 느꼈습니다.

'내 인생이 바뀌고 있구나! 지금까지는 내 마음대로 살았는데, 이제부터는 진짜 하나님의 종이 되는 것이다!'

내면 깊은 곳에서부터 말로 다 표현할 수 없는 감격이 솟구쳐 올랐습니다. 감사하게도 수술은 무사히 끝났고, 그 후 두 번의 추가 수술 끝에 나는 온전히 치유되어 다리도 절지 않게 되었습니다. 물론 그 다리가 지금까지 약간의 일기예보 역할을 하고 있습니다. 그래서 오히려 더 감사합니다. 그 흉터를 보고 만질 때마다 하나님 앞에 결단하고 주님을 바라보았던 그때를 떠올리게 되니 정말 복된 흉터가 아니고 무엇입니까?

다시 십자가

다시 한번 십자가를 바라보십시오. 십자가가 정말 능력으로 다가오는지 이 시간에 점검해보십시오. 당신이 예수님을 진정 구주(救主)로 믿었다면 성령님이 역사하십니다. 십자가의 도(道)가 어째서 하나님의 능력인지 우리는 이제 경험해야 합니다. 십자가 외에는 하나님께서 우리에게 베푸신 그 놀라운 은혜를 완전히 깨달을 수 있는 길이 없습니다.

실제로 십자가의 능력을 경험해야만 나 자신이 얼마나 엄청난 죄인인지, 그런데도 이런 나를 사랑하시는 하나님의 사랑은 도대체 얼마나 큰지 비로소 알게 됩니다. 이것이 바로 신앙의 기본입니다.

이 기본을 깨닫고 나면 우리 인생이 확연히 달라집니다. 세상 것을 추구하고 그것이 채워져야만 복인 줄 믿었던 삶이 하나님만으로 충분한 삶이 됩니다. 십자가만 있으면 두려울 것이 없는 삶으로 바뀝니다. 이것이 십자가의 기적이자 십자가의 능력입니다.

십자가의 도가 멸망하는 자들에게는 미련한 것이요 구원을 얻는 우리에게는 하나님의 능력이라 (고전 1:18)

chapter 02

하나님께 자백하고
죄 씻음 받는 삶으로 죄를 이겨나간다

만일 우리가 우리 죄를 자백하면 저는 미쁘시고 의로우사
우리 죄를 사하시며 모든 불의에서 우리를 깨끗케 하실 것이요 (요일 1:9)

여전한 죄의 역사

예수님을 진정한 구주로 영접한 후 나는 다시는 죄를 짓지 않겠다고 다짐했습니다. 그날, 죄로 인한 양심의 고통이 어찌나 컸는지 실제로 앞으로는 더 이상 어떠한 죄도 짓지 않게 될 것이라고 생각했습니다. 그러나 하나님 앞에 통회 자복하고 예수님을 구주로 영접한 그 밤 이후에도 나는 여전히 똑같았고 그 사실이 너무 당황스러웠습니다. 나는 그날의 감격으로 '이제는 새 삶을 살게 되겠구나' 하는 생각에 가슴이 벅차 있었습니다.

그러나 하루가 지나고, 이틀이 지나고, 사흘이 지나도 내 삶은

여전히 그대로입니다. 육신의 정욕, 안목의 정욕, 이생의 자랑이 조금도 사라지지 않고 그대로 남은 내 모습을 자각하고 나는 큰 당혹감에 빠졌습니다.

'내가 아직도 진짜 회개를 하지 않았구나! 예수님을 진정한 구주로 영접했다고 생각했는데, 뭐가 부족한 것인가? 아, 그럼 이제 또 어떻게 해야 한다는 말인가?'

이런 두려움으로 나는 다시 막막해졌습니다. 하루는 새벽예배 설교 후 나의 죄와 가증함이 너무 고통스러워서 강단 뒤에서 데굴데굴 구르고 부르짖으며 기도했습니다.

"하나님! 제발 죄 안 짓고 살게 해주세요!"

그런데 며칠 뒤 한 교인이 찾아와서 이렇게 말했습니다.

"목사님이 기도하는 것만 봐도 은혜가 됩니다."

강단 뒤편에서 몸부림치며 데굴데굴 구르며 기도하는 모습을 보니 '우리 목사님이 성도들을 위해 저리도 간절히 기도하는구나' 라는 생각에 그렇게 은혜가 된다는 것입니다. 사실은 교인들 모르게 마음으로 짓는 죄가 너무 커서 그랬노라 말도 못하고 나는 다시 하나님 앞에 나아가 몸부림치며 기도하는 수밖에 없었습니다.

"하나님, 교인들은 나를 저리 생각하고 있는데, 저는 어떻게 하면 좋습니까?"

이 경험을 통해 알게 된 사실이 있습니다. 목사도 결코 죄에서 자유로운 존재가 아니라는 것과 예수 믿고 회심했더라도 사람은 여전히 죄를 짓는다는 것입니다.

구원 받았다는 것이 다시는 죄를 짓지 않는 존재가 되는 것을 의미하지는 않습니다. 회심한 이후에도 우리는 여전히 죄의 역사를 경험합니다. 죄 많은 이 세상에서 여전히 사람의 몸을 입고 살아가기 때문입니다.

그렇다면 죄를 지어도 괜찮다는 말입니까? 절대 그렇지 않습니다. 예수님을 믿어도 죄를 떠날 수 없는 것은 사실이지만 그것이 하나님께서 죄를 용납하신다는 의미는 결코 아닙니다. 하나님께서는 절대 죄 위에 복을 내리지 않으십니다. 우리가 죄를 지으면 하나님의 영광이 나타날 수 없으며, 부흥이 임하지 않습니다. 우리 안에 죄가 있으면 기도의 문이 막히고, 감사와 기쁨이 사라지고, 연단이 지속됩니다.

많은 분들이 하나님을 까다로운 분, 인색하고 무서운 분으로 느끼곤 합니다. 좋으신 하나님이 이토록 어려운 분으로 여겨지는 까닭은 무엇입니까? 바로 죄 때문입니다. 죄로 인해 자유함이 사라지고 죄를 엄히 징계하시는 하나님을 경험하다보니 우리에게 무섭고 엄격하신 하나님의 이미지만 남았습니다. 죄 때문에 좋으신 하나님을 누리지 못하고 하나님의 성품까지 곡해하게 된 것입니다.

그러면 어떻게 해야 할까요? 예수 믿으면 자동으로 죄를 짓지 않게 되는 것도 아니고, 또 죄를 용납할 수도 없으니 이 일을 어떻게 해결할 수 있을까요?

회개의 복음을 들어라

이 문제를 해결하기 위한 방법이 바로 회개입니다. 우리가 죄를 지을 때마다 회개하고 돌이키면 그 죄들은 더 이상 내 안에서 역사하지 못합니다. 사랑의 하나님께서는 거듭난 성도들 속에 남아 있는 내적 죄성(罪性)을 온전히 없애주시기 위해 성결의 은혜를 예비해두셨습니다. 이것이 회개의 복음입니다.

> 만일 우리가 우리 죄를 자백하면 저는 미쁘시고 의로우사 우리 죄를 사하시며 모든 불의에서 우리를 깨끗케 하실 것이요
> (요일 1:9)

물론 이 말씀이 모든 사람에게 해당되는 것은 아닙니다. 예수 그리스도를 구주로 영접하고 그 안에 보혈의 능력이 있는 그리스

도인에게만 해당되는 말씀입니다. 세상에 죄를 자백한다고 지은 죄가 없어지는 법은 없습니다. 죄를 지었으면 아무리 자백했다 하더라도 여전히 죄는 남습니다. 물건을 훔친 사람이 자신이 도둑질 했노라 자백한다고 그 죄가 사라지겠습니까? 그렇지 않습니다.

그러니 이 말씀이 얼마나 놀랍습니까? 예수님을 구주로 영접한 우리가 죄를 자백하기만 하면 비록 죄가 있었다 하더라도 그 죄가 사해질 뿐만 아니라 모든 허물에서 깨끗하게 하신다는 것입니다. 아예 죄를 지은 적도 없는 것처럼 여겨주십니다. 이 얼마나 놀라운 복인가요? 회개는 그 자체가 복입니다!

그런데 정작 그리스도인들이 이 '회개'를 하지 않고 살아갑니다. 얼마나 안타까운지 모릅니다. 우리는 죄를 지을 때마다 그 즉시 회개해야 합니다. 이 사실을 분명히 알아야 합니다. 나 역시 이 사실을 몰랐습니다. 모르니까 말로 행동으로 죄를 지으면서도 그냥 넘겨왔습니다.

하루 일과를 끝내고 집으로 돌아오면 우리는 세수를 하거나 샤워를 합니다. 잠자리에 들기 전 양치질하는 것도 잊지 않습니다. 피곤해도 귀찮아도 꼭 씻습니다. 몸은 그렇게 씻으면서 하루를 마치고 그날 하나님 앞에 회개해야 할 것들은 전혀 생각해보지 않고 그냥 잠자리에 든다면, 그렇게 하루, 이틀 사흘이 지나면 어떤 일이 벌어지겠습니까? 기도가 잘 안 되기 시작합니다. 마음에 기쁨이 사라지고 하나님을 향한 믿음의 확신이 흔들립니다.

하나님과 나 사이에 무언가 해결해야 할 문제가 있고, 기도해야 할 기도제목들이 쌓여 있는데, 도무지 기도가 나오지 않습니까? 그것은 나의 죄 문제가 해결되지 않았기 때문입니다. 즉, 온전한 회개를 하지 않았기 때문입니다. 마음에 예수님으로 인한 기쁨이 사라졌습니까? 예수님을 구주로 영접한 지 오랜 시간이 흘렀기 때문에 기쁨이 사라진 것이 아닙니다. 회개 없이 살기 때문에 기쁨이 사라진 것입니다.

생명 얻는 회개

얼마 전 암으로 돌아가신 한 장로님의 이야기가 생각납니다. 솔직히 경건한 신앙인이라기보다 교회 정치에 열심이셨던 분이었습니다. 그런데 그의 자녀들은 참으로 신실했고 그중 한 명이 목사 사모였습니다. 평소 아버지를 잘 모시지 못했던 것이 못내 아쉬웠던 딸은 아버지가 입원해 있는 병실에서 아버지를 간병하기 시작했습니다.

그러던 어느 날 새벽예배 시간에 아버지가 회개해야 한다는 하나님의 말씀을 들었습니다. 아버지에게 가서 회개하도록 하라니, 딸의 입장에서는 참으로 곤란한 상황이 아닐 수 없었습니다. 하지만 하나님께서 너무나 분명한 마음을 주셨기에 그녀는 아무도 없이 단 둘이 있는 시간에 아버지에게 이렇게 말씀드렸습니다.

"아버지, 하나님께서 아버지가 회개하기를 원하세요."

이 말을 들은 그 장로님이 얼마나 노발대발 역정을 내시는지 당장 그 자리에서 쫓겨났다고 합니다. 평생 열심히 하나님을 섬겼다고 생각하는 자신에게 회개하라는 딸의 말이 몹시 언짢았던 것입니다. 그렇지만 자녀들은 "아버지를 이대로 하나님 앞에 가게 할 수는 없다"라며 눈물로 기도하기 시작했습니다.

사흘쯤 지났을까 장로님이 자녀들을 모두 불러 모았습니다. 자녀들이 모두 모인 자리에서 장로님은 자신이 무릎을 꿇을 수 있도록 도와달라고 말했습니다. 온 몸에 암이 퍼져 통증으로 다리를 만지지도 못하게 하시던 분이 무릎을 꿇고 "하나님, 제가 이런 잘못을 회개합니다…"라며 통곡하고 회개하기 시작했습니다. 부인과 자녀들에게도 "이것은 내가 잘못했다"라고 하며 일일이 용서를 구했다고 합니다. 그러고 누웠다가 또 회개할 일이 생각나면 침상에서 일어나 다시 무릎을 꿇고 회개하고, 그렇게 내리 몇 날을 회개하시다가 어느 저녁 아무 고통도 없이 평안히 소천(召天)하셨습니다. 하나님께서 그토록 기다리시던 회개를 다 쏟으시고 하나님의 용서와 은혜를 입고 하나님께 가신 것입니다.

하나님께서는 우리가 어떻게 살고 있는지 다 아십니다. 그런데도 그렇게 오래 기다려주십니다. 또한 하나님께서는 우리가 어떤 죄를 지어도 다 용서해주십니다. 그러나 그렇다고 해서 그 죄를 용납하시는 것은 절대 아닙니다. 죄를 짓는 것보다 더 무서운 것이 있다면 죄를 짓고도 회개하지 않고 사는 것입니다.

하나님 앞에 회개할 것이 있습니까? 그렇다면 바로 지금 철저하게 고백하는 시간을 가져야 합니다.

> 주의 약속은 어떤 이의 더디다고 생각하는 것같이 더딘 것이 아니라 오직 너희를 대하여 오래 참으사 아무도 멸망치 않고 다 회개하기에 이르기를 원하시느니라 (벧후 3:9)

회개하지 않는 죄

1999년 5월 미국의 모 신문에 13년간 하버드대학 신학대 학장을 지낸 로널드 티먼 교수가 파면되었다는 기사가 실렸습니다. 그 이유인즉, 대학의 컴퓨터 기사가 학장 관사에 있던 티먼 교수의 컴퓨터 파일에 수백 장의 음란 사진이 저장되어 있는 것을 발견했기 때문입니다. 사진을 발견한 기사는 즉시 총장에게 이 사실을 보고했고 이 신학대 학장은 파면되고 말았습니다.

어떻게 신학대학 교수라는 사람이 포르노광일 수 있느냐고 묻는 사람도 있을 것입니다. 하지만 나는 그 기사를 읽으면서 얼마든지 가능한 일이라고 생각했습니다. 목사도 똑같이 죄의 유혹을 받습니다. 신학대학 교수라고 해서 목사라고 해서 육신의 정욕, 물질의 탐심, 명예욕에서 자유로운 것은 아닙니다. 죄의 유혹을 받는 것은 똑같습니다. 티먼 교수의 문제는 그가 죄의 유혹을 받았다는 것이 아니라 죄를 짓고도 회개하지 않고 살았다는 데 있습니다.

죄의 유혹에 져서 한순간 자신도 모르게 그런 행동을 할 수 있습니다. 우리는 구원 받았지만 우리의 몸은 주님이 재림하실 때에야 비로소 홀연히 다 온전하게 변화될 것입니다. 그때까지는 누구나 죄의 유혹을 받는 육신을 가지고 살아갑니다. 그래서 하나님께서 회개의 길을 열어놓으신 것입니다. 회개할 때 죄는 더 이상 우리를 사로잡지 못합니다. 결국 회개 없는 삶이란 아무리 교회에 열심히 나오더라도 죄를 먹고 마시며 하나님을 멀리 떠나 사는 것과 같습니다.

이따금 설교 준비를 하다보면 도무지 영감이 떠오르지 않을 때가 있습니다. 설교는 해야겠는데 무슨 메시지를 전해야 할지 뜨겁게 다가오는 말씀이 없을 때, 나는 성경을 덮고 하나님께 묻습니다.

"하나님, 제게 회개할 것이 있나요?"

그러면 정말 생각지도 않았던 일이 머리에서 번개처럼 떠오릅니다.

'아, 내가 또 이렇게 살았구나!'

하나님 앞에 눈물로 회개한 다음 다시 성경을 펴서 읽으면 놀랍게도 그 속에서 전해야 할 말씀의 영감이 떠오릅니다.

우리는 우리 삶에 나타나는 결과들을 보고 재빨리 깨달아야 합니다. 기도가 안 되고 자신도 모르게 실언이 나오고 직장이나 사업장에 뭔가 자꾸 문제가 생긴다면, 그때 우리는 그것을 하나님께서 알려주시는 경계경보로 생각하고 즉시 무릎을 꿇고 여쭈어야 합니다.

"하나님, 제게 회개하지 않은 죄가 있습니까?"

> 그러므로 어디서 떨어진 것을 생각하고 회개하여 처음 행위를 가지라 만일 그리하지 아니하고 회개치 아니하면 내가 네게 임하여 네 촛대를 그 자리에서 옮기리라 (계 2:5)

회개하는 삶이 죄를 이긴다

상담을 하다보면 숨겨둔 음란의 문제를 고백하는 이들이 참 많습니다. 탐심 때문에 손대지 말아야 할 돈에 손을 대고 괴로워하는 사람도 있습니다. 하나님 앞에서 몸부림치는데도 해결이 안 된다며 눈물을 흘립니다. 이렇게 끊임없이 되풀이되는 죄 문제를 어떻게 해결할 수 있을까요? 답은 하나입니다. 그것이 죄임을 깨달았을 때 즉시 회개하는 것입니다.

어떤 사람이 이렇게 이야기합니다.

"하나님 앞에 회개하려고 해도 벼룩도 낯짝이 있지, 이게 어디 한두 번이라야 말이지."

실제로 많은 이들이 부딪치는 문제입니다.

'몇 번까지 회개해야 하나? 하나님은 정말 이렇게 반복적으로 회개해도 받아주실까?'

물론입니다. 우리가 세 번 죄를 범했으면 세 번 회개하면 됩니다. 백 번 잘못했다면 백 번 회개해야 합니다.

> 그 때에 베드로가 나아와 가로되 주여 형제가 내게 죄를 범하면 몇 번이나 용서하여주리이까 일곱 번까지 하오리이까 예수께서 가라사대 네게 이르노니 일곱 번뿐 아니라 일흔 번씩 일

곱 번이라도 할지니라 (마 18:21,22)

예수님은 베드로에게 잘못한 사람이 와서 용서를 빌면 일흔 번씩 일곱 번이라도 용서해주라고 말씀하셨습니다. 일흔 번씩 일곱 번 490번 용서하라는 뜻이 아니라 한없이 용서하라는 말입니다. '70'과 '7'은 완전수를 뜻합니다. 이 말씀은 와서 잘못했다고 용서를 구할 때마다 무조건 용서해주라는 뜻입니다.

또한 이 말씀은 하나님께서도 우리가 회개할 때마다 용서해주신다는 전제를 담고 있습니다. 그러면 하나님께서 회개할 때마다 용서해주시니까 아무리 죄를 지어도 괜찮다는 뜻인가요? 여기에는 놀라운 비밀이 있습니다. 회개의 삶을 살면 죄를 이기게 됩니다. 스스로 죄를 짓지 않기 위해서 아무리 애를 쓰고 노력해도 죄를 이길 수는 없습니다. 하지만 회개하는 삶을 살면 죄를 이길 수 있습니다.

구체적으로 한 번 실천해보기 바랍니다. 먼저 회개수첩을 만들어서 내가 몇 번까지 회개하는지 적어보세요. 어떤 사람은 혈기를 부리는 죄, 어떤 사람은 음란의 죄, 또 누군가는 탐심의 죄나 교만의 죄 등 각자 늘 넘어지는 죄가 있을 것입니다. 회개수첩에 매번 자신이 넘어지는 죄가 무엇인지 적고 한 번 회개할 때마다 표시해보세요. 다른 사람이 모르게 자신만 알아볼 수 있는 표를 해도 좋습니다.

'하나님, 제가 잘못했습니다. 저의 죄를 용서해주심에 감사드리며 이 시간 다시 시작하겠습니다.'

하루에 다섯 번, 여섯 번 죄로 넘어질 때마다 회개하십시오. 아침에 회개했는데 점심 때 또 그 죄를 지었다면 또다시 '하나님, 회개합니다. 제가 또 죄를 지었습니다'라고 회개합니다.

그런데 어느 시점이 되면 이제 회개하는 것조차 괴로워집니다. 회개하면 하나님께서 용서해주시는 것은 분명하지만, 아직까지도 하나님 앞에 죄 짓고 회개하는 기도를 반복하는 것, 그 자체로 마음이 아픕니다. 더는 죄를 짓고 싶지 않게 됩니다.

전에는 나도 모르게 죄를 지었고, 그 다음에는 내가 죄 짓는다는 사실을 알면서 또 죄를 지었습니다. 그러나 그 다음 단계는 '이제 더 이상 이렇게 살고 싶지 않아. 하나님께서 용서해주시지만 하나님 마음을 더 이상 아프게 해드리고 싶지 않아'라고 생각하며 스스로 죄를 미워하게 됩니다. 그러면 됩니다. 하나님을 위해 죄를 미워하게 되면 되는 것입니다. 죄가 싫은데 억지로 죄를 지을 사람이 어디 있겠습니까?

이것이 회개의 삶을 살면 죄를 이기게 된다는 뜻입니다. 우리 힘으로는 절대 죄를 이길 수 없습니다. 회개하면 보혈의 능력으로 죄를 이기게 됩니다. 이것은 전적인 성령의 역사입니다.

성령님이 붙드신다

어느 날 젊은 남자 집사님 한 분이 나를 찾아왔습니다. 의자에 앉아 기도하는데 눈물을 뚝뚝 흘렸습니다. 집안에 무슨 큰일이 났나, 직장에 어려운 일이 생겼나 걱정이 되어서 "집사님, 무슨 일입니까?" 하고 물었습니다. 그랬더니 자신을 위해 기도해달라면서 말을 꺼냈습니다.

이야기를 들어보니 그분은 고등학교 때부터 음란에 빠졌다고 합니다. 상상도 못한 일이었습니다. 그는 새벽예배, 철야예배 때마다 나와 열심히 기도하던 분이십니다. 그런 그가 시간만 나면 혼자서 계속 음란한 것들을 찾아 돌아다녔다고 합니다. 부모도 친구도 모르고 함께 사는 아내도 모르게 내내 그렇게 살면서 언제나 마음이 괴롭고 죄책감에 사로잡혀 있었습니다. 교회에 나와 기도만 하면 '하나님이 다 아실 텐데…' 하는 생각에 그렇게 괴로울 수가 없었다고 합니다. 더 이상 이렇게 이중적인 삶을 살아서는 안 되겠다고 다짐해도 도무지 해결되지 않았다는 것입니다.

그러던 어느 날 회사에 일대 소동이 벌어졌습니다. 같은 직장

동료가 동료 여 사원과 바람을 피웠는데 이 사실을 안 그의 아내와 처가 식구들이 회사로 들이닥쳐서 난장판을 만든 것입니다. 한 집안이 풍비박산이 나는 것을 직접 눈으로 보자 '아, 다음은 내 차례구나!' 하는 생각이 들면서 두려운 마음이 엄습했습니다. 자신이 음란한 일에 빠져 있다는 사실을 아내나 다른 사람이 알면 가정생활이고 신앙생활이고 모두 깨지고 말 것이라는 생각에 몸서리가 쳐졌습니다. 그 와중에 '목사님에게 가서 고백하자'라는 생각이 들어 찾아왔다는 것입니다.

그렇게 고백하기까지 얼마나 고민이 많고 심란했을지 생각하며 그 집사님을 붙들고 간절히 기도하는데 눈물이 솟았습니다.

"하나님, 이 집사님이 음란의 죄에서 벗어나고 싶다는 그 고백을 받지 않으셨습니까? 제발 이길 힘을 주십시오."

그 뒤 집사님은 잘 이겨나갔고 정말 놀라운 일은 그때부터 하나님께서 직접 도우셨다는 사실입니다. 한 번은 자기도 모르게 음란한 물건을 파는 가게 앞까지 갔는데 그날따라 가게가 휴업이었다고 합니다. 그는 거기서 정신이 번쩍 들었습니다.

'하나님이 나를 막으시는구나!'

어느 날은 유흥가 쪽으로 가다가 길에서 교회 장로님을 만나 얼떨결에 새 가족 심방에 동행하기도 했습니다. 그는 하나님께서 자신을 도울 사람을 보내주시고 자신이 그 죄를 짓지 않도록 죄의 유혹으로부터 보호하고 계신다는 사실을 깨달았습니다.

'죄 지으러 가는 나를 성령님이 붙잡아주시는구나! 내가 회개하고 그 죄에서 완전히 벗어나기를 진심으로 원했더니 하나님이 도와주시는구나!'

하루는 직장일로 어쩔 수 없이 룸살롱에 가게 되었습니다. 그때는 진작 포기하는 마음이 들었다고 합니다.

'오늘만큼은 하나님도 이해해주시겠지. 이러지 않으면 직장에서 사표를 써야 하잖아.'

내심 자신에게 변명까지 늘어놓았습니다. 여자들이 들어와 한 사람씩 옆자리에 앉았습니다. 그런데 자기 옆에 앉은 여자가 술을 따르면서 귓속말을 하더랍니다.

"사장님, 교회 다니시나봐요."

그 자리에서 그런 이야기를 들을 줄 누가 상상이나 했겠습니까? 그때 집사님은 눈이 확 열리면서 하나님께서 불꽃같은 눈으로 자기를 지켜보고 계신다는 느낌이 강하게 들었습니다. 도저히 더 이상 앉아 있을 수 없었고 직장에서 쫓겨나게 되면 쫓겨나겠다는 각오로 그 자리를 박차고 나와버렸다고 합니다.

그렇게 하나님께서 계속 이김을 주시더니 이제는 '예전에는 왜 그렇게 음란에 매여 있었을까?' 하고 의아한 생각이 들 만큼 완전히 달라졌습니다. 그가 죄를 자복하고 회개하는 용기를 냈기에 성령님이 그를 강하게 사로잡아주셨고 마침내 죄에서 벗어나게 된 것입니다.

회개는 부흥의 불씨다

회개는 모든 문제를 해결하는 출발점입니다. 회개의 순간 부흥이 시작됩니다. 한국 교회의 부흥 역시 회개로부터 시작되었습니다.

1907년 평양 장대현교회에서 부흥집회가 열렸습니다. 많은 성도들이 성령에 대한 갈급함으로 모였지만 집회 마지막 날이 될 때까지 아무런 역사도 일어나지 않았습니다. 그때 장대현교회의 수석 장로였던 길선주 장로가 "드릴 말씀이 있습니다" 하며 앞으로 나왔습니다. 사람들은 그가 광고를 하러 나온 줄로만 알았습니다. 그런데 그가 나와서 예기치 못한 말을 시작했습니다.

"제가 아간과 같은 죄를 지었습니다. 저 때문에 하나님께서 부흥을 주실 수가 없습니다."

깜짝 놀라는 교인들을 앞에 두고 길선주 장로는 자기의 죄를 토설하기 시작했습니다.

"제 친구가 세상을 떠나면서 거금의 유산 이백 원을 제게 맡겼습니다. 안심하고 맡길 사람이 저밖에 없다면서 자기 아이들이 자라면 전해달라고 했습니다. 그렇게 이백 원을 맡았는데 제가 그 돈에서 백 원을 급한 일에 써버리고 말았습니다. 그리고 그 자손들에게는 나머지 백 원만 주었습니다."

그 누구도 이 사실을 몰랐습니다. 장로님만 알고 있는 비밀이었습니다. 그런데 부흥회 기간에 하나님의 역사가 일어나지 않자 그의 마음에는 '이것이 나 때문이구나. 내게 이런 죄가 있는데 하나님이 어떻게 우리 교회에 역사하실 수 있나?' 하는 생각이 들어 견딜 수가 없었다는 것입니다. 이것을 자백하지 않으면 자기 심령이 죽을 것 같기에 길선주 장로님은 부끄러움을 무릅쓰고 사람들 앞에 나와 고백했습니다.

"교우 여러분, 이 길선주 장로가 도둑놈입니다. 제가 진심으로 회개합니다. 제가 유족에게 그 돈을 갚겠습니다."

그 고백을 들은 교인들은 충격을 받았습니다. '어떻게 길선주 장로가 저럴 수 있는가? 정말 실망이다!' 라는 충격이 아니었습니다.

'길선주 장로 같은 분도 저런 죄가 있는데, 나야말로 감추어 둔 죄가 많은 사람이다!'

갑자기 그 자리에서 회중들이 통곡하는 회개의 역사가 일어나기 시작했습니다. 그런 다음 길선주 장로에 이어서 너도나도 "저도 고백할 것이 있습니다" 하면서 공개적으로 죄를 자백하고 회개하고 또 회개하고, 그렇게 회개하는 사람이 이어지자 순서를 기다리다 못해 앉은자리에서 데굴데굴 구르고 몸부림치며 회개하는 사람까지 생겼습니다.

그날 저녁 집회는 회개의 집회로 변했고, 그 회개는 며칠이나 계속되었습니다. 모이면 회개밖에 한 것이 없습니다. 그런데 바로 이 일을 계기로 한국 교회에 강력한 부흥이 일어났습니다. 회개가 한국 교회 부흥의 시발이었습니다.

하나님의 역사가 일어나고 부흥이 일어나는 징조는 회개의 기도가 터지는 것입니다. 회개하는 개인의 심령에 부흥이 심어지고, 회개하는 교회 위에 부흥이 시작될 것입니다. 부흥은 반드시 회개를 통해서 옵니다.

자백하는 남자들

진정한 회개란 무엇일까요? 회개란 다시는 죄를 짓지 않는 것이 아닙니다. 로마서에서 사도 바울은 우리가 악을 행하는 것이 우리 의지와 상관없이 되는 일이라고 했습니다.

> 내가 원하는 바 선은 하지 아니하고 도리어 원치 아니하는 바
> 악은 행하는도다 (롬 7:19)

따라서 하나님께서 우리에게 절대 죄 짓지 말 것을 요구하신다면 그것은 절망적일 수밖에 없습니다. 사도 바울도 죄를 어쩌지 못해 이렇게 고백하지 않았습니까?

> 오호라 나는 곤고한 사람이로다 이 사망의 몸에서 누가 나를
> 건져내랴 (롬 7:24)

하나님께서 우리에게 원하시는 것은 다시는 죄를 짓지 않는 것이 아니라 진정한 회개입니다. 우리에게 죄를 자백하기 원하셨습니다. 어떤 사람은 "겨우 자백하는 것이 회개입니까?"라고 의문을 나타내는데 이것은 자백한다는 것이 얼마나 어려운 일인지 몰라서 하는 이야기입니다. 자신의 잘못을 깨닫고 시인하는 일은 결코 쉽지 않습니다.

《남자들의 은밀한 전쟁》의 저자 패트릭 민즈 목사는 그의 책에서 진정한 회개에 대해 다음과 같이 말했습니다.

"자신이 싸우고 있는 죄에 대해 다른 사람에게 고백하여 도움

을 요청하고 있다면 진정으로 회개한 것이고, 다른 사람들에게 그 문제를 기꺼이 말하려고 하지 않는다면 밤새도록 가슴을 치며 울고 금식하여도 아직도 자신을 속이고 있는 것이다."

선한목자교회에서는 매주 목요일 새벽기도회 시간에 남자 성도들만 따로 모임을 갖고 있습니다. '믿음으로 사는 남자들'이란 이름으로 모이는 남성기도회입니다. 찬양과 말씀 후에 5명이나 7명이 한 조가 되어서 30분 정도 모임을 갖는데, 처음에는 한 주 동안 믿음을 지키며 생활한 이야기를 함께 나누자는 취지로 모였습니다. 서로 권면하고 도전도 주자는 의도였습니다.

처음 모였을 때는 뜨거운 가슴으로 다들 결단하기 바빴습니다. "술을 끊겠습니다", "나는 담배 끊겠습니다", "거짓말하지 않겠습니다", "이제부터 부부 싸움 하지 않겠습니다", "가정적인 남편이 되겠습니다" 등등 모두 결의에 차 있었습니다.

그리스도 예수의 사람들은 육체와 함께 그 정과 욕심을 십자가에 못 박았느니라 (갈 5:24)

그런데 문제가 생겼습니다. 시간이 갈수록 목요일이 다가오는 것이 겁이 난다는 것입니다. 한 주 동안 믿음으로 승리한 삶을 나누어야 하는데, 지난 한 주를 돌이켜보면 잘못한 일, 죄 지은 것밖에 생각나지 않고, 잘못하며 지낸 이야기를 하는 것도 한두 번이지 간증할 것이 없으니 점점 목요일 새벽기도회에 나오기가 부담스러웠다고 합니다. 결국 목요일 모임은 회개 모임으로 바뀌었습니다. 믿음의 담대한 고백과 역사가 있기 이전에 회개의 역사가 먼저 있어야 됨을 깨달았기 때문입니다.

"이번 주에 기도생활을 제대로 하지 못했습니다."

"우리 부부는 또 다투었습니다."

"직장에서 나도 모르게 이런 죄를 지었습니다."

이런 죄 고백을 하고 나서 서로 손을 잡고 간절히 기도합니다.

"하나님, 우리 죄를 그리스도의 보혈로 씻기 원합니다. 다시 새 출발할 수 있는 새 힘을 주시옵소서."

그런데 매주 한 번씩 공식적으로 회개하는 시간을 갖기 시작하자 놀랍게도 남자들이 변하기 시작했습니다. 서로 신앙의 동지, 사명의 동지가 되더니 점차 교회 분위기까지 달라졌습니다.

한번은 교회에서 남성들만의 수련회를 열었습니다. 수련회장으로 들어서면서 그 큰 강당이 남성들로 꽉 들어차 있는 광경에 저는 깜짝 놀랐습니다. 1박 2일의 짧은 시간이었지만 첫 시간부터 마치는 시간까지 장로님을 위시해서 수련회에 참가한 모든 이들이 앞자리로 나와 음란과 거짓과 술 취함과 하나님 앞에서 올바로 신앙생활 하지 못한 일 등 자신의 허물과 죄악을 구체적으로 고백했습니다. 그러자 그들이 1박 2일 동안 완전히 달라졌습니다.

나는 교회에서 남자 성도들의 회개운동이 필요하다고 봅니다. 남자들이 정말 중요합니다. 여자를 무시해서 하는 말이 아니라 남자들에게 문제가 많기 때문입니다. 남자 한 사람 때문에 온 식구가 고생하는 일이 얼마나 많습니까? 그 남자가 바로 서면 온 가족이 행복합니다. 남자들이 회개하기 시작하면 가정이 달라지고 교회가 달라집니다. 하나님의 역사가 일어납니다.

죄를 이기려면 먼저 죄 용서를 받기 위해 회개해야 합니다. 우리가 회개하지 않기 때문에 하나님께서 우리 삶에 역사하지 못하시는 것입니다. 회개는 결코 부끄러운 일이 아닙니다. 공개적으로 자백하지 못하더라도, 성령님의 감동과 인도 가운데 이루어져야 한다는 것을 유념하십시오. 필요하다면 교역자에게 상담하기 바랍니다. 하나님께서 우리의 회개를 받으시고 우리를 도울 사람들을 보내주실 것입니다.

회개 잘하는 그리스도인

하나님께서 쓰시는 사람은 아무 죄도 짓지 않는 완벽한 사람이 아닙니다. 하나님께서는 회개하는 심령을 쓰십니다. 하나님은 다윗을 "마음에 합한 사람이라" 하시며 사랑하셨습니다. 그 이유가 무엇인가요? 더불어 하나님께서 사울 왕을 버리신 까닭은 무엇입니까? 사울 왕이 다윗보다 죄를 많이 지어서인가요?

사울 왕과 다윗의 차이는 바로 회개에 있습니다. 다윗도 간음하고 살인했고 탐심을 품기도 했습니다. 그러나 그는 즉시 회개했고, 돌이켜 회개한 그를 하나님도 기뻐하셨습니다. 반면 사울 왕은 회개하지 않았고 그래서 하나님께서 사울 왕은 버리시고 다윗을 택하여 사랑하신 것입니다.

> 내가 너희에게 이르노니 이와 같이 죄인 하나가 회개하면 하늘에서는 회개할 것 없는 의인 아흔 아홉을 인하여 기뻐하는 것보다 더하리라 (눅 15:7)

나는 기도할 때마다 나의 모든 허물을 너무나 잘 아시는 하나님 앞에 이렇게 고백합니다.

"하나님, 저는 자격이 없습니다."

어느 날 안타까운 마음으로 기도하는데 하나님께서 내게 말씀하셨습니다.

"네가 자격이 없다는 것을 아느냐?"

"예, 제가 잘 압니다."

"그러면 네가 다른 사람을 볼 때에도 그 마음으로 보아라."

나는 그때 깨달았습니다.

'하나님께서 어째서 내 허물과 죄악을 그냥 두시는가? 그것은 다른 사람을 정죄하고 판단하지 말도록 그러신 것이구나!'

진짜 회개는 다른 사람을 용서하는 것입니다. 우리는 하나님께 날마다 용서 받으며 살아갑니다. 용서해주시는 하나님의 은혜 덕에 사는 것입니다. 그런 용서를 받으면서 다른 사람을 용서하지 못한다면 그 사람은 진정으로 회개한 것이 아닙니다. 하나님의 놀라운 죄 사함의 은혜를 입은 우리가 어떻게 다른 사람을 용서하지 않을 수 있겠습니까? 우리는 용서밖에 할 일이 없습니다. 이것이 진정한 회개입니다.

회개는 예수 그리스도를 믿는 우리에게 주어진 영적인 면책 특권입니다. 이제 우리는 내가 용서받았기에 다른 사람을 용서하는 것을 당연히 여기는 그리스도인, 자신의 잘못을 솔직하게 고백하고 회개하기에 주저함이 없는, 회개 잘하는 그리스도인으로 살아야 합니다. 죄 사함의 은혜와 회개의 복을 누리는 참 그리스도인으로 살아야 합니다.

chapter 03

하나님께 내 자아를
바쳐야 나는 죽고 예수가 산다

내가 그리스도와 함께 십자가에 못 박혔나니 그런즉 이제는 내가 산 것이 아니요
오직 내 안에 그리스도께서 사신 것이라 (갈 2:20)

예수님을 경험하지 못하는 이유

예수 그리스도를 구주로 영접하고 내 안에 성령님이 계심을 믿음으로 고백하면 그때부터 예수님이 내 삶에 실제적으로 개입하기 시작하십니다. 그런데 이상한 일은 많은 그리스도인들이 자신의 삶 속에서 예수님의 개입과 간섭을 전혀 경험하지 못하고 산다는 것입니다.

내 삶 속으로 예수 그리스도께서 들어오셨다면 그 흔적이 나타나야 하는데 전혀 그렇지 않습니다. 어째서 우리의 말과 행동에, 우리 삶에 예수님의 흔적이 나타나지 못하는 것일까요? 심지어 믿음이 좋다. 열심이 있다는 분들 때문에 주변 사람들이 상처 받고 교회가 시험에 드는 일까지 벌어지기도 합니다. 이것은 내가 목회를 하면서 갖게 된 고민이요 의문이었습니다.

'대체 이유가 무엇일까? 분명히 예수님이 그 안에 계실 텐데….'

나는 하나님의 영광과 능력이 내 삶과 사역에 나타나지 않는 것이 죄 때문이라고 생각해왔습니다. 그래서 늘 회개에 힘썼고, 설교할 때도 회개할 것을 강조했습니다. 그러나 결과는 만족스럽지 않았습니다. '언제까지 회개만 해야 하나? 어느 정도로 회개해야 하나?' 고민이 끊이지 않았습니다. 그러다가 우리에게 죄보다 더 중요한 문제가 있다는 것을 알게 되었습니다. 그것은 바로 '자아'의 문제였습니다.

성경을 보면 예수님이 그 자리에 함께 계셨는데도 아무런 역사가 일어나지 않았던 경우가 몇 군데 나옵니다. 그중 하나가 가나의 혼인 잔치입니다. 예수님이 가나의 혼인 잔치에 초대를 받아 가셨습니다. 그런데 잔칫집에서 포도주가 떨어졌습니다. 그 자리에 예수님이 계셨는데도 중요한 잔치 음식이 떨어져서 혼주(婚主) 측이 난감해 하는 상황이 벌어진 것입니다.

디베랴 바닷가로 간 베드로와 여러 제자들에게 자신을 나타내신 부활하신 예수는 동일하게 그 바닷가 현장에서 고기 잡는 베드로를 지켜보고 계셨습니다. 하지만 베드로는 밤새 한 마리의 고기도 잡지 못했습니다.

> 날이 새어갈 때에 예수께서 바닷가에 서셨으나 제자들이 예수신 줄 알지 못하는지라 예수께서 이르시되 얘들아 너희에게 고기가 있느냐 대답하되 없나이다 (요 21:4,5)

예수님과 한 장소에 있었는데도 베드로는 물고기 한 마리 잡지 못한 채 결실 없는 수고를 하고 있었습니다.

우리 삶도 마찬가지입니다. 우리 안에 예수 그리스도를 모셨으니 늘 승리와 풍성한 축복으로 가득하리라 기대하건만, 우리는 이런 난감한 사태나 결핍의 상황이 삶의 한가운데 벌어지는 것을 수없이 경험하게 됩니다. 분명히 내 안에 예수 그리스도를 모셨는데 어째서 이런 일이 생기는 것일까요? 먼저 가나 혼인 잔칫집에서 일어난 일을 살펴봅시다.

예수님은 잔칫집에 초청을 받아 가셨지만 그곳에서 아무 일도 하실 수가 없었습니다. 그 이유는 예수님이 손님이셨기 때문입니다. 그저 초대받은 자리에 앉아 내오는 음식을 대접받으며 계셔야 했던 것입니다. 그때 예수님의 어머니 마리아가 예수님에게 포도주가 떨어졌다고 말했습니다. 그 다음 하인들에게는 "이분이 시키는 대로 무엇이든지 하라"고 일렀습니다. 그리고 그들이 예수님이 명하신 대로 항아리에 물을 떠다 날랐더니 물이 포도주가 되는 기적이 일어났습니다.

디베랴 바닷가에서도 마찬가지입니다. 베드로는 예수님이 바닷가에 계신 것도 모른 채 자기 생각대로 고기를 잡고 있었습니다. 그렇게 밤새 아무것도 잡지 못하고 있을 때, 예수님이 "그물을 배 오른편에 던져라"라고 하셨고 그 말씀을 따랐을 때 고기가 153마리나 잡혀 배가 가라앉을 지경이 되었습니다. 그때 비로소 베드로는 자신에게 명령하신 분이 예수님인 줄 알았습니다.

바로 이것입니다. 우리가 예수님을 영접했어도 예수님을 단지 손님으로 모셨다면 가나의 혼인 잔칫집에서처럼 우리 삶의 포도주가 떨어지는 일이 일어날 수 있습니다. 그러나 예수님이 주인이 되어 우리에게 명하시는 위치가 되고 우리가 순종하기 시작할 때 문제는 해결됩니다. 예수님을 멀리 바닷가에 세워두지 말고, 예수님을 내 인생 한가운데서 직접 명령하시는 자리로 모시면 그때 비로소 우리는 예수님을 경험하게 됩니다.

예수님과 싸우면 누가 이기는가?

우리 삶에 예수님의 역사가 나타나지 않고 예수님을 경험할 수 없는 이유는 예수님을 모시고 살면서도 내 마음대로 내 고집대로 살려고 하기 때문입니다. 열심 있는 교인이라는 분들이 오히려 교회를 어렵게 하는 것도 마찬가지 이유입니다.

사도 바울은 빌립보서에서 이렇게 말했습니다.

> 내가 유오디아를 권하고 순두게를 권하노니 주 안에서 같은 마음을 품으라 (빌 4:2)

유오디아와 순두게는 둘 다 빌립보교회의 살림을 도맡아 했던 충성스러운 여인들이었습니다. 그런데 이 두 사람의 사이가 좋지 않았습니다. 이 일을 안타깝게 여긴 사도 바울은 빌립보교회에 편지하면서 유오디아와 순두게에게 "주 안에서 같은 마음을 품으라"라고 화해의 특별 당부를 남겼습니다.

왜 이런 일이 벌어졌을까요? 서로 자기의 충성만이 옳다고 믿고 자기 방식만 선하다고 고집했기 때문입니다. 이것이 바로 '자아'의 문제입니다. 자기가 모든 일의 중심에 있기 때문에 상대를 용납하거나 양보할 수 없을 뿐만 아니라 예수님의 뜻마저 꺾고 마는 것, 그것이 그리스도와 함께 십자가에 못 박히지 않은 나, 자아가 펄펄 살아 있다는 문제의 핵심입니다.

사사기 21장에 다음과 같은 표현이 나옵니다.

> 그 때에 이스라엘에 왕이 없으므로 사람이 각각 그 소견에 옳은 대로 행하였더라 (삿 21:25)

내 생각에 옳은 대로 사는 것, 이것이 바로 '자아'가 벌이는 일입니다. 요즘처럼 모든 것이 '나'를 중심으로 돌아가는 세태에서는 자기 생각대로 사는 것이 소신 있고 줏대 있는 당당한 삶이라고 할 것입니다. 그러나 성경은 자기 생각에 옳은 대로 행하는 것을 '죄'라고 말합니다. 하나님의 뜻이 아닌 자기 생각을 옳다고 여기는 것은 죄입니다.

우리 삶에 일어나는 대부분의 문제는 우리가 '각자 자기 생각에 옳은' 대로 살기 때문에 일어납니다. 지금쯤은 당신도 결론을 내릴 수 있을 것입니다. 이만큼밖에 살지 못한 것은 내 뜻대로, 내 마음대로 살았기 때문이고, 이만큼이라도 살 수 있었던 것은 몇 번 되지 않지만 주께 순종한 순간들이 있었기 때문이라는 것을 말입니다.

혹시 예수님과 싸워본 적이 있습니까? 만약 예수님과 싸운다면 누가 이기겠습니까? 예수님께서 이기십니까? 아니면 당신이 이깁니까? 아마 많은 분들이 '그게 무슨 질문이냐?'고 하며 이 질문 자체를 의아하게 여길 것입니다. 그러나 한 번 생각해보십시오. 지금까지 예수님께서 우리에게 성경 읽기, 기도, 헌신, 봉사, 용서 등 무엇 하나 시키시려면 얼마나 많이 애쓰고 기다리셨습니까? 얼마나 어려우셨습니까? 우리는 언제나 우리 마음대로 하려고 합니다. 예수님의 명령을 무시하거나 거절하거나 외면하거나 차일피일 미루는 우리의 태도가 예수님과 겨루는 것이 아니고 무엇입니까?

하나님께 정말 바쳐야 할 것

한번은 집회에 모인 분들에게 내가 이런 질문을 했습니다.

"예수님이 여러분의 신랑이라면 행복하실까요?"

그러자 다들 이구동성으로 외쳤습니다.

"당연히 행복하겠지요!"

그러나 정말 그럴까요? 예수님과 마음이 맞는다면 당연히 그렇겠지만, 자기 마음대로 살고 싶어 하는 신부라면 결코 행복하지 않을 것입니다. 오히려 예수님께 바가지나 긁지 않을지 염려스럽습니다.

그러면 예수님이 교회의 머리라고 고백하는 교회의 실상은 어떻습니까? 목사가 교회 주인 노릇하고, 장로들이 교회 주인 노릇하고, 교인들이 교회 주인 노릇하여 예수님이 원하셔도 하지 못하는 일이 너무나 많습니다. 예수님이 우리를 통해 역사하시려면 반드시 우리 자아의 문제가 해결되어야 합니다. 예수님을 영접할 뿐 아니라 예수님을 나의 '주인'으로 모셔야 하는 것입니다.

한 부부가 심각하게 부부 싸움을 했습니다. 중재자가 화해를 시켜보려고 남편에게 찾아가 부부 싸움을 한 이유를 들어보았습니다. 남편의 이야기를 듣고 보니 아내가 잘못했습니다. 그래서 아내를 찾아가 "남편 이야기를 들어보니까 당신이 잘못했던데 왜 그렇게 고집을 부립니까? 빨리 잘못했다고 사과하고 용서를 빌어요"라고 했습니다. 그러자 아내가 거품을 물고 넘어갔습니다. 왜 남편한테 먼저 갔느냐며 싸운 이유를 열을 내며 설명했습니다. 아내 이야기를 들어보니까 또 남편이 잘못한 것 같습니다.

그럼 결국 이런 부부 싸움은 왜 하게 되는 겁니까? 남편과 아내가 서로 자기 소견에 옳은 대로 하려고 하기 때문입니다. 도대체 잘못한 사람이 없습니다. 양쪽 모두 자신이 옳다고 굳게 믿고 있습니다.

교회에서 일어나는 다툼이나 분열도 마찬가지입니다. 교인들끼리 왜 이쪽저쪽 편을 갈라 다투는지 이야기를 들어보면 다들 자기들이 하자는 방식대로 해야 교회가 잘된다는 것입니다. 따지고 보면 양쪽 다 교회를 위해 싸우는 것입니다. 누구도 교회 잘못되라고 싸우는 사람은 없습니다. 문제는 자기들 방식이 옳다고 고집한다는 데 있습니다. 이렇게 자기가 옳다고 고집을 부리는 사람은 하나님도 못 말립니다.

> 여호와의 말씀에 내 생각은 너희 생각과 다르며 내 길은 너희 길과 달라서 하늘이 땅보다 높음 같이 내 길은 너희 길보다 높으며 내 생각은 너희 생각보다 높으니라 (사 55:8,9)

주님의 생각은 내 생각과 다를 때가 많습니다. 나는 분명히 이것이 옳다고 생각하지만 주님은 그렇지 않다고 하실 경우가 너무 많습니다. 우리는 자기 소리를 낮추고 주님의 뜻을 구해야 합니다. 내가 옳다 생각한 그것이 정말 성령님의 역사라면 다른 사람도 동일하게 옳다고 느끼게 되어 있습니다. 그 점을 겸손히 분별할 줄 아는 사람이 교회 중직이 되어야 그 교회가 주님이 다스릴 수 있는 교회가 됩니다.

어떤 원로 목사님 한 분이 은퇴하신 다음 하신 말씀입니다. 자신이 평생 목회하면서 자신의 집을 팔아 바친 교인도 보았고, 자기 땅을 팔아 바친 교인도 보았지만 자기 성질 뽑아 바친 교인은 한 사람도 못 보았다는 것입니다. 웃으며 가볍게 하신 말씀이지만 참으로 새겨들을 말이라고 생각합니다.

우리가 하나님 앞에 정말 바쳐야 할 것은 나의 자아입니다. 그래야 예수님을 경험할 수 있습니다. 내 안에 분명히 예수님이 계신데도 아무 역사를 경험하지 못하는 이유는 내 생각, 내 고집, 내 성질에 예수님이 치이기 때문입니다. 그래서 스스로 내 안에 주님이 계신지 안 계신지도 모르고 무감하게 사는 것입니다.

죽어야 산다

목회를 하다보면 자신이 정말 상처 받았다고 말하는 사람들을 자주 만나게 됩니다. 이 말을 다르게 생각해보면 자신은 지금까지 상처받기 쉬운 자아를 붙잡고 살았다는 말이 됩니다. 많은 교인들이 살기 힘들다고 하소연합니다. 이 말 역시 지금까지 자기 힘으로 살아보려고 애썼다는 말입니다. 결국 예수님께 인생의 주도권을 내어드리지 않고 여전히 자기 인생의 주도권을 자기가 잡고 있다는 말입니다. 예수님을 믿는다고 하면서 사실은 자기만 믿고 산 것입니다.

> 내가 그리스도와 함께 십자가에 못 박혔나니 그런즉 이제는
> 내가 산 것이 아니요 오직 내 안에 그리스도께서 사신 것이라
> (갈 2:20)

이것은 주님께 놀랍게 쓰임 받았던 사도 바울의 고백입니다. 자신도 사도 바울과 똑같이 예수님을 모시고 사는데 왜 내 삶에는 아무런 역사도 일어나지 않느냐고 묻는다면 나는 그 결정적 차이 역시 이 고백에 있다고 자신 있게 말할 수 있습니다. 예수님께 삶의 주도권을 내어드리지 못한 사람은 절대로 이렇게 고백할 수 없기 때문입니다.

예수님을 믿고 살면서 주님의 마음을 가장 가깝게 느껴본 적이 언제인지 묻고 싶습니다. 개인적으로 예수님과 교제하면서 예수님이 주신 가장 중요한 메시지가 있습니다. 바로 "네가 죽어야 한다"라는 것입니다. 처음에는 그 말씀이 얼마나 마음을 무겁게 했는지 모릅니다. 죽는다는 것은 내 꿈도 죽는 것이고 내 계획도 죽는 것을 말합니다. 그래서 처음에는 "내가 죽어야 한다"는 말씀이 싫었습니다. 물론 얼마 지나지 않아 그것이 진짜 복된 말씀임

을 깨달았습니다.

　많은 사람들이 예수님이 왜 죽으라고 하시는지 그 진정한 의미를 깨닫지 못하고 있습니다. 그래서 어떻게든지 안 죽으려고 발버둥칩니다. 내가 죽어야 내 안에 예수님이 사신다는 것, 내가 안 죽을수록 손해라는 사실을 모릅니다. 내가 안 죽었기 때문에 이 모양으로밖에 못 산다는 것도 모르고 기를 쓰고 죽지 않으려고 합니다.

　언젠가 독일 퀼른에 있는 어느 한인교회의 부흥회를 인도하러 간 적이 있습니다. 부흥회를 마치고 태권도장을 하신다는 남자 교인과 함께 식사를 했는데 말씀에 은혜를 많이 받으셨다기에 특별히 어떤 말씀에 은혜를 받으셨느냐고 물었습니다. 그러자 '나는 죽고 예수는 살고'라는 말씀에 가장 큰 은혜를 받았다고 하면서 거듭 감사를 표했습니다. 그는 그동안 자기를 괴롭혀온 사람들로 인해 답답하고 억울한 일을 많이 겪었지만 이제 더 이상 그들과 싸우지 않고 자신이 옳다고 주장하지도 않겠다고 했습니다. 나는 말씀을 전한 보람을 느꼈습니다.

　그런데 그 분이 마지막으로 덧붙인 한마디가 나의 뒤통수를 때렸습니다.

　"그런데 목사님, 한 가지 문제가 있어요."

"그게 뭐지요?"

"나는 죽는데, 그 사람들은 안 죽었잖아요."

그들은 안 죽는데 자기만 죽으면 억울하지 않느냐는 말입니다. 나는 그가 '자아의 죽음'의 의미를 제대로 이해하지 못했다는 생각에 금세 씁쓸해졌습니다.

진정한 죽음의 의미

하지만 죽음은 억울한 것이 아닙니다. 아직까지 억울하다고 느낀다면 그것은 왜 죽어야 한다고 말씀하시는지 아직도 그 의미를 정확히 모르는 것입니다. 자아의 죽음은 이미 십자가에서 이루어진 일을 내가 인정하는 것뿐입니다.

십자가로 더 가까이 나아가서 십자가를 능력으로 만나게 된 사람은 누구나, 십자가에서 예수님의 죽음을 볼 뿐 아니라, 자기 자신의 죽음을 보게 됩니다. 마땅히 내가 죽어야 하는데 예수님이 대신 죽으신 것이 아니라, 그 예수님과 함께 내가 십자가에서 죽었다는 사실을 깨닫게 되는 것입니다.

> 우리가 알거니와 우리 옛 사람이 예수와 함께 십자가에 못 박힌 것은 죄의 몸이 멸하여 다시는 우리가 죄에게 종노릇하지

아니하려 함이니 이는 죽은 자가 죄에서 벗어나 의롭다 하심을 얻었음이니라 (롬 6:6,7)

너무나 놀라운 말씀입니다. 왜 예수님과 함께 우리의 옛사람이 못 박혔다고, 죽었다고 말씀하십니까? 우리 생명 안에 죄가 들어왔기 때문입니다. 죄와 나를 분리할 수가 없습니다. 죄가 곧 나요, 내가 곧 죄입니다. 그러므로 우리가 죄를 짓고 사는 것입니다. 죄를 지어서 죄인이 아니라 죄인이기 때문에 죄를 짓는 것입니다. 온갖 불의함과 악함과 음란함과 미움과 시기와 원망과 강퍅한 마음이 우리 마음에서 나옵니다. 그렇기 때문에 하나님께서 우리의 옛사람을 예수님의 십자가에서 해결하신 것입니다.

또 가라사대 사람에게서 나오는 그것이 사람을 더럽게 하느니라 속에서 곧 사람의 마음에서 나오는 것은 악한 생각 곧 음란과 도적질과 살인과 간음과 탐욕과 악독과 속임과 음탕과 흘기는 눈과 훼방과 교만과 광패니 이 모든 악한 것이 다 속에서 나와서 사람을 더럽게 하느니라 (막 7:20-23)

십자가의 능력은 우리가 죄를 지을 때마다 뒤따라 다니며 죄를 씻어주는 것이 아닙니다. 죄에 종노릇하며 살던 우리가 죄를 이기게 하는 능력입니다. 그리스도 안에서 자신의 죽음을 이야기한 사도 바울의 고백은 사도 바울뿐 아니라 십자가로 자신의 모습을 보게 된 모든 그리스도인의 고백입니다.

우리가 정말 십자가를 통과했는지의 기준은 자아가 죽었느냐 하는 것입니다.

> 우리가 항상 예수 죽인 것을 몸에 짊어짐은 예수의 생명도 우리 몸에 나타나게 하려 함이라 우리 산 자가 항상 예수를 위하여 죽음에 넘기움은 예수의 생명이 또한 우리 죽을 육체에 나타나게 하려 함이니라 (고후 4:10,11)

"항상 예수 죽인 것을 짊어진다"라는 것은 십자가의 복음을 믿고 고백하는 것을 말합니다.

"나는 예수님과 함께 죽었습니다. 이제 예수님께서 나의 생명이십니다!"

이 고백이 있으면 예수님의 생명도 우리 육체에 나타납니다.

자아의 죽음을 경험하라

'기도의 사도'라는 별명을 가진 존 하이드가 인도 선교사로 헌신하여 인도로 가는 배를 타고 갈 때였습니다. 그 순간까지 그는 마음이 뿌듯하고 자신이 대견했습니다. 그의 아버지는 목사였고 어머니도 신앙심이 깊은 분이었습니다. 그는 젊어서부터 선교사로 헌신했고, 그것도 아주 훌륭한 선교사, 위대한 선배 선교사들처럼 되고 싶었습니다. 그는 인도어를 열심히 공부하면서 위대한 선교사가 되는 데 장애가 될 만한 것들은 무엇이든 용인하지 않겠다고 단호히 결심했습니다.

그가 배에 오르자 선실에는 아버지의 친구인 어느 목사님이 보낸 편지가 도착해 있었습니다. 그는 반가운 마음에 즉시 뜯어서 읽었는데, 편지 내용은 길지 않았습니다. 그러나 그 짤막한 몇 마디 말 때문에 그의 자존심은 잿더미가 되었고, 맹렬한 분노가 마음에서 일어났습니다.

편지에는 단지 "사랑하는 존, 네가 성령으로 충만해질 때까지 너를 위한 기도를 멈추지 않을 거야!"라고 적혀 있었습니다. 그는 너무나 화가 치밀어 편지를 구깃구깃 구겨 선실 바닥에 던져버렸습니다. 분을 주체할 수 없어서 갑판 위로 올라갔습니다.

'성령으로 충만해질 때까지!'

이 말은 그가 지금은 성령으로 충만하지 못하다는 의미를 함축하고 있었기 때문입니다. 그는 갑판을 거닐며 혼잣말로 말했습니다.

　"나는 선교사로 인도에 가고 있어. 그런 저런 선교사가 아니라 최고의 선교사가 되기 위해 가고 있는 중이라고! 그런 사람이라면 당연히 성령으로 충만한 사람이 아니겠어? 그런데도 내가 성령 충만을 받지 못했다고 생각한다니, 정말 어처구니없고 주제넘은 말이잖아!"

　그렇게 한동안 갑판 위를 하염없이 오락가락했습니다. 분노가 치밀어 마음이 너무나 힘들었습니다. 그러나 그의 내면에서는 맹렬한 싸움이 벌어지고 있었습니다. 그가 아버지 친구 분을 정말 사랑했고 또 그 분이 평생 신령한 삶을 살아왔다는 것을 모르지 않았기 때문이었습니다.

　그런 생각을 하다가 다시 선실로 내려가, 구깃구깃 구겨서 던져버렸던 편지를 다시 집어, 편지지를 곧게 펴서 읽고 또 읽었습니다.

　그의 마음은 여전히 괴로웠지만, 그 목사님이 옳다는 것과 자신이 선교사의 사명을 감당할 준비가 되어 있지 않다는 것을 자각하게 되었습니다. 마침내 절망의 구렁텅이에 내려가 자신을 성령으로 채워달라고 구하게 되었습니다. 그리고 그렇게 기도하는 순간 모든 것들이 분명하게 드러났습니다. 자신이 보이기 시작했고, 그가 품었던 것이 이기적인 야망이라는 사실이 보이기 시작했습니다. 겉으로는 주님을 사랑하는 것 같았지만 밑바닥에는 흉물스러운 자아(自我)의 추구가 도사리고 있었습니다.

"저는 배가 항구에 당도하기 전에 무슨 대가를 치르더라도 성령으로 충만해지고 말리라 결심하고 더욱 간절히 매달렸습니다. 제가 인도에서 보게 될 언어 시험에서 낙방하여 보이지 않는 곳에서 조용히 봉사하는 무명의 선교사가 되어도 좋으니 다만 성령으로 충만하게 해달라고 주님께 간절히 구했습니다. 이 영적 몸부림은 항해가 끝날 때까지 계속되었습니다."

이것이 존 하이드 선교사가 십자가 복음 앞에 진실로 서는 순간이었고, 위대한 선교사로 태어나는 순간이었습니다. 따라서 믿음으로 자아의 죽음을 인정하고 취한 사람은 예수님이 자신을 통해서 역사하심을 그대로 경험하게 됩니다.

예수님이 직접 역사하시게 하라

어릴 때 부모님을 잃고 고모의 손에 자란 한 소녀가 있었습니다. 고모는 결혼도 하지 않고 어린 조카들을 길렀습니다. 어느덧 소녀는 자라서 고등학생이 되었고 친구의 전도로 교회에 나가게 되었습니다.

믿음을 갖게 된 소녀는 고모와의 관계가 좋지 않은 것이 영 마음에 걸렸습니다. 사춘기 조카는 조카대로 잔소리가 심한 고모에게 반항심이 커졌고 고모 역시 하라는 공부는 안하고 교회에 가는 것을 못마땅해 했습니다. 교회에 가면 고모에게 잘못한 일을 회개하고 잘하겠다고 결심하지만 집에만 가면 좀처럼 마음먹은 대로 되지 않았습니다. 고모가 조금만 잔소리하고 야단쳐도 화를 참지 못해 고모에게 대들거나 화를 냈고, 문을 쾅 닫고 자기 방으로 들어가기 일쑤였습니다.

그런데 어느 학생회 예배에서 소녀는 목사님의 설교에 큰 은혜를 받았습니다. "이제는 내가 산 것이 아니요 오직 내 안에 그리스도께서 사신 것이라"(갈 2:20)라는 말씀이 소녀의 마음을 파고들었습니다.

"그렇구나! '내'가 고모를 만나니까 안 되는 거야. 예수님이 내 안에 계신데, '예수님'이 고모를 만나주시면 되겠구나!"

예배를 마치고 집으로 돌아와 막상 현관 앞에 서자 소녀는 다시 자신이 없어졌습니다. 문을 열고 들어가면 고모가 기다리고 있었다는 듯이 야단을 칠 것이고, 그러면 자기도 참지 못하고 또 싸울 것만 같았습니다. 소녀는 현관 손잡이를 잡고 기도했습니다.

'예수님, 제가 고모를 만나면 오늘 또 싸울 것 같아요. 예수님이 고모를 만나주세요. 저는 죽었고 예수님이 제 안에 살아 계시잖아요.'

그렇게 기도하고 문을 열자 역시나 고모는 벼르고 있었다는 듯이 소녀를 맞았습니다. 안으로 들어서자마자 "너 교회 갔었지!" 하고 무섭게 야단을 치기 시작했습니다. 그런데 정말 이상한 일이 벌어졌습니다. 소녀의 눈에 야단치는 고모의 무서운 얼굴은 안 보이고, 어느새 주름이 지고 흰머리가 난 늙은 고모의 모습이 들어온 것입니다. 조카들 때문에 결혼도 못하고 쓸쓸히 늙어가고 있는 지치고 여윈 고모의 모습이 보인 것입니다. 소녀는 너무 마음이 아파 고모를 와락 끌어안았습니다.

"고모! 얼굴에 왜 이렇게 주름이 많아? 언제 이렇게 흰머리가 났어? 고모, 우리 때문에 이렇게 늙어버렸어…."

어린 조카가 자신을 끌어안고 펑펑 울기 시작하자 고모의 가슴도 갑자기 뜨거워졌습니다. 평생 조카들을 위해 자기 인생을 포기하고 살아온 고모에게 얼마나 많은 슬픔과 한이 있었겠습니까? 그런데 조카가 자기를 끌어안고 그렇게 엉엉 울자 고모의 가슴에서 응어리 진 것들이 떨어져 나가기 시작한 것입니다.

그날 예수님께서 고모를 깊이 만나주셨고 그 후 고모 역시 예수님을 영접하고 교회에 나오기 시작했습니다.

만일 우리 가정에 예수님이 함께 계시다고 느껴지지 않는다면 이유는 하나입니다. 남편과 아내가 서로 죽지 않아서입니다. 남편이 죽으면 아내가 예수님을 만납니다. 겉모습은 분명히 옛날 남편 그대로이지만 자아가 죽으면 그는 더 이상 예전의 남편이 아닙니다. 남편을 통해서 예수님을 만나는 것, 아내에게 그보다 큰 행복은 없습니다.

마찬가지로 아내가 죽으면 남편이 예수님을 만납니다. 교회 나와서 "주님, 내 남편 좀 만나주세요!"라고 울부짖으며 기도하는데, 집에 가기만 하면 바가지 긁고 온갖 성질 다 부리면 남편은 성난 아내 모습은 보아도 그 안에 계신 예수님을 볼 도리가 없습니다. 펄펄 살아 있는 아내의 자아에 가려 예수님이 보이지 않기 때문입니다.

부모의 가장 큰 바람은 자식이 잘 되는 것입니다. 특별히 믿음을 가진 부모는 내 자녀가 하나님을 만나고 신앙생활 잘하기를 소원합니다. 아무리 윽박질러도 소용없던 자녀들도 예수님을 만나면 변화됩니다. 그럼 어떻게 해야 자녀가 예수님을 만나도록 할 수 있습니까? 가장 확실한 방법은 부모를 통해 예수님을 만나도록 하는 것입니다. 부모는 죽고 예수님이 살면 됩니다.

부모님의 인격과 삶이 교회와 집에서 판이하게 다를 때, 자녀들에게 신앙의 위기가 찾아온다는 것을 명심하십시오. 그런 모습을 볼 때 자녀는 신앙을 가증스러운 것이라고 느끼게 됩니다. 그러나 부모가 자녀들 앞에서 자아가 죽은 모습을 보인다면, 비로소 자녀는 부모를 통해 예수님을 만나게 됩니다. 그래서 자녀들의 입에서 이런 고백이 흘러나오게 됩니다.

"저는 부모님을 통해서 믿음에 눈을 떴습니다."

"저는 부모님을 통해서 예수님을 만났습니다."

죽음으로 하는 순종

예수님을 구주로 영접했다는 말은 이제 예수님께 온전히 순종한다는 뜻입니다. 순종의 방법에는 두 가지가 있습니다. 하나는 노력하여 순종하는 것이고 다른 하나는 죽음으로 순종하는 것입니다. 그런데 노력하여 순종하려고 하면 힘들어서 못합니다.

"예수님, 힘들어요."

"주님이 하라고 하시는 대로 하려니까 죽을 것 같아요."

힘들다, 어렵다는 소리가 절로 나올 수밖에 없습니다. 노력하여 순종하는 데는 한계가 있습니다. 그러나 주님은 우리에게 노력하라고 말씀하지 않으셨습니다. 죽으라고 하셨습니다. 내 힘으로 순종하는 것이 아니라는 뜻입니다. 십자가에서 이미 예수님과 함께 자신의 자아가 죽었음을 믿음으로 취하는 것이 바로 순종입니다.

노력으로 죽으려 하는 사람은 죽은 척하고 사는 사람입니다. 사실 이런 사람들이 더 무섭습니다. 사람들이 죽은 줄 알고 곁에 와서 건드려보면, 화들짝 일어나서 반응하기 때문입니다. 자존심이 상하는 일이 생기면, 몇 번은 참습니다. 그러다가 폭발하니까 더 크게 화를 내게 됩니다.

예수 믿는 것은 도(道)를 닦는 것이 아닙니다. 내 힘으로 죽으려고 하니까 속병이 생기는 것입니다. 성경의 모든 진리는 믿음으로 취하고 누리는 것입니다. 자아의 죽음도 마찬가지입니다. 내가 죽어야 비로소 주님이 역사하십니다.

불신자가 복음을 듣고 처음 교회에 나왔습니다. 그런데 뭔가 이상합니다. 교회에 나와 예배드리고 사람들과 만나 인사를 나눈 것밖에 없는데, 가슴이 울렁거리고 충격과 감동이 전해진다면 어떨까요? 대답은 동일합니다. 그 교회의 성도들이 자신의 죽음을 인정하고 받아들였기에 새신자는 교인들을 만난 것 같지만, 사실은 그 교인들을 통해서 예수님을 만났기 때문입니다.

교회 오기 전에 '주님, 오늘 제가 주님의 도구가 되고 싶습니다'라고 기도해보십시오. 그러면 아무 생각 없이 지나쳤을 법한 성도가 눈에 들어옵니다. 웬일인지 그의 낯빛이 어두운 것 같습니다. 오늘따라 이상하게 그가 마음에 걸립니다. 지나칠 수도 있지만 어색함을 이기고 옆자리에 앉아 그의 손을 꼭 붙잡고 "집사님, 힘드시지요? 제가 기도해드릴게요"라고 말을 건네는 순간, 그는 주님의 위로와 만져주심을 경험합니다. 바로 이것이 자기가 죽고 예수가 산 사람이 체험할 수 있는 기적입니다. 나 자신의 감정, 생각, 계획, 판단이 죽으면 거기서 주님의 역사가 일어납니다.

죽은 사람은 표시가 납니다. 지금 내 옆에 시체가 누워 있다고 상상해보십시오. 그가 시체라는 것을 어떻게 알 수 있습니까? 그는 코로 숨을 쉬지 않고 가슴에 손을 대보아도 심장이 뛰지 않습니다. 주위의 어떤 자극과 변화에도 반응하지 않습니다. 마찬가지로 우리는 자아가 죽은 사람도 알아볼 수 있습니다. 사람의 어떤 말이나 평가에도 죽었고, 칭찬에도 죽은 사람이 진짜 죽은 사람입니다.

죽기를 각오하라

2002년 한미준(한국 교회 미래를 준비하는 모임) 여름 수련회에 말씀을 전하러 갔을 때 일입니다. 해마다 많은 신학생들이 배출되지만 이들이 일할 사역지가 부족해졌고 불확실한 미래를 불안해 하는 그들에게 말씀을 전하기에 앞서 하나님께 여쭈었습니다.

"하나님, 그들에게 어떤 메시지를 전해야 합니까? 저 수많은 전도사들이 나가서 일할 사역지가 너무 부족합니다."

그때 하나님께서 내 마음에 책망하시는 말씀을 주셨습니다.

"사역지가 무엇이 부족하냐?"

하나님의 책망하심에 나 역시 깊이 깨달은 것이 있어서 나는 그 마음 그대로 신학생들에게 말씀을 전했습니다.

"여러분은 왜 졸업 후에 사역할 임지가 없다고 생각합니까? 서울 시내만 해도 여전히 구원해야 할 영혼들이 골목마다 거리마다 넘쳐나고 있습니다. 임지는 많습니다. 여러분, 여러분이 집도 주고 월급도 주는 교회만 찾으리까 교회가 없는 겁니다. 여러분이 교회에 가서 '사례비 안 주셔도 됩니다. 집도 필요 없습니다. 그저 제가 복음을 전할 곳만 알려주십시오'라고 말해보세요. 아침에 교회로 출근해서 교회에서 지시하는 곳으로 나가 하루 종일 전도하고 결신자를 얻으면 교회에 와서 등록시켜보세요. 어느 교회가 안 써주겠습니까? 여러분, 그렇게 했는데도 영 임지를 구할 수 없으면 제가 있는 교회로 오십시오. 전도할 데가 너무 많습니다. 교회 재정상 사례비를 드리지는 못해도 열심히 전도하시겠다면 저는 얼마든지 환영하겠습니다."

그런데 정말 나를 찾아온 전도사님과 목사님들이 있었습니다. 설교에 은혜를 받았다면서 사례비를 안 줘도 되니까 그냥 교회에서 일만 하게 해달라는 것입니다. 장로님들과 의논해보니 "세상에, 요즘 그런 전도사님이 어디 있습니까? 일하시도록 해보지요"라고 하셨습니다. 그래서 그들을 정식으로 파송 받기 위해 감리사에게 연락을 했습니다. 그러자 "감리교 교회법상 전도사를 파송하려면 파송 받는 교회에서 그들에게 최소한의 생활비를 지급하도록 되어 있습니다"라고 하며 사례가 없이는 불가능하다고 이야기하는 것입니다.

이미 함께 일해보자고 해놓은 마당에 갑자기 난감해진 나는 장로님들과 재차 의논했습니다. 그러자 장로님들도 이왕 그렇게 된 것을 어쩌겠느냐고 하시며 그 분들 모두에게 사례비를 지급하도록 결의해주셨습니다. 그 해 우리는 갑자기 맞이하게 된 일곱 분의 교역자들의 사례비를 충당하느라 재정에 어려움을 겪었습니다.

그러나 그 해에 우리 교회는 죽기를 각오한 일곱 분의 사역자들로 인해 놀라운 부흥을 경험했습니다. 나는 그 분들을 보면서 정말 예수님 안에서 죽기로 각오하면 예수님께서 반드시 살 길로 인도하신다는 것을 확신했습니다.

죽음으로 알게 된 예수님의 마음

자아의 죽음에 대해서 많은 사람들이 오해하고 있습니다. 이 죽음은 "아이고, 늙으면 죽어야지, 내가 죽어야 해"라고 노인이 입버릇처럼 말하는 넋두리와는 다른 죽음입니다. 자아의 죽음이란 '내가 이미 죽었음'을 받아들이는 것입니다. 제대로 말하면 우리는 예수님을 구주로 영접할 때 이미 죽었습니다. 구원을 믿음으로 받아들였듯이 자아의 죽음도 믿음으로 취하는 것입니다.

> 우리가 그의 죽으심과 합하여 세례를 받음으로 그와 함께 장사되었나니 이는 아버지의 영광으로 말미암아 그리스도를 죽은 자 가운데서 살리심과 같이 우리로 또한 새 생명 가운데서 행하게 하려 함이니라 만일 우리가 그의 죽으심을 본받아 연합한 자가 되었으면 또한 그의 부활을 본받아 연합한 자가 되리라 (롬 6:4,5)

우리는 예수님을 믿고 세례 받았을 때 이미 죽은 것입니다. 이미 장례식을 치르고 사는 사람들입니다.

나도 터무니없는 소문에 애가 탔던 시간이 있었습니다. 너무 억울하고 분해서 제대로 숨을 쉴 수 없고 당장 소문을 낸 당사자를 찾아가 헛소문을 퍼뜨린 이유를 따지고, 개인적인 사과는 물론 공개적인 사과까지 받아내고 싶었습니다. 하지만 그것은 예수님이 원하시는 방법이 아니었습니다. 그렇게 괴로운 순간 든 생각이 있었습니다.

'바로 지금이 내가 죽어야 하는 때다!'

그렇지만 어떻게 죽어야 하는지 도무지 모르겠다고 도리질을 치며 무릎을 꿇고 기도하는데 내 안에서 이런 고백이 터져 나왔습니다.

"하나님, 유기성은 죽었습니다."

"하나님, 유기성은 이미 죽었습니다."

두 번, 세 번, 네 번… 마치 실성한 사람처럼 계속 이 고백을 했습니다. 열 번째 이 고백을 반복하는 순간 죽음이 임하는 것이 느껴졌습니다. 그렇습니다. 죽음은 임하는 것이었습니다. 그 죽음은 참으로 고요하고 평안했습니다. 숨을 쉴 수 없을 정도로 고통스럽던 마음이 차분히 가라앉았습니다. 죽음을 믿음으로 받아들일 때 십자가에서 이루신 그것이 내게 실재가 되었습니다. 더 이상 내 안에 미움도 섭섭함도 억울함도 분노도 남아 있지 않았습니다. 더 이상 내게 아무 의미도 없었습니다. 예수님 안에서 죽음이 임하여 정말 죽은 자로서 문제를 보게 된 것입니다.

나는 비로소 "주님, 이제 저에게 주님의 마음을 주십시오"라고 기도했습니다. 그러자 갑자기 통곡이 터져 나왔습니다. 지금까지 그렇게 슬피 울어본 적이 없었습니다. 말할 수 없을 만큼 가슴이 아팠습니다. 울다가 지쳐서 탈진 상태에 이르렀을 때 '내가 지금 왜 이렇게 울고 있지?' 하는 의문이 떠올랐습니다. 그러자 주님이 말씀하셨습니다.

'네가 나의 마음을 달라고 기도하지 않았느냐?'

나는 그제야 주님의 마음을 알게 되었습니다. 헛소문을 퍼뜨려 교회를 혼란스럽게 하는 교인을 바라보시며 통곡하시고, 그 교인을 향해 분노하는 목사를 바라보시며 통곡하시는 주님의 마음을 말입니다.

하나님 앞에서 끊임없이 죄를 짓는 우리를 향한 주님의 마음은 '분노'가 아닌 '슬픔'이었습니다. 교회 안에서조차 서로 헐뜯고, 상처 주고, 자기를 주장하며 살아가는 우리를 보시는 주님의 마음은 깊은 슬픔과 안타까움이었습니다. 자아가 죽고 나서야 비로소 주님의 그런 마음을 알게 되었습니다. 죽지 않았다면 죽어도 몰랐을 주님의 마음이었습니다.

나는 이미 죽었습니다

몇 년 전 서울의 한 교회에서 부흥회를 인도하고 있을 때였습니다. 식사를 마치고 저녁 집회 준비를 위해 숙소로 돌아가는 길에 아내의 전화를 받았습니다. 전화에서 들려오는 아내의 목소리가 평소와 달리 착 가라앉아 있었습니다.

"여보, 저 암이래요."

나는 너무 큰 충격을 받아 무슨 말을 해야 할지 아무 생각이 나지 않았습니다. 며칠 전 아내와 함께 건강검진을 받았는데 부흥회 일정 때문에 아내 혼자 건강검진 결과를 들으러 병원에 갔습니다.

"암입니다. 빨리 수술을 해야 합니다."

아내는 청천벽력 같은 검진 결과에 혼자 집으로 돌아갈 기력조차 없어서 병원 로비에 앉아 내게 전화한 것입니다.

나는 망치로 머리를 얻어맞은 것만 같았습니다. 당장 아내 곁으로 달려가고 싶었지만 저녁 집회를 취소할 수는 없는 상황이었습니다.

"여보, 정말 미안해. 지금 내가 당신에게 갈 수 있는 상황이 아니야."

그렇게 전화를 끊고 숙소로 돌아와 저녁 집회를 위해 하나님 앞에 엎드렸지만 내 머릿속은 이미 온통 아내에 대한 걱정으로 꽉 차 있었습니다. 나는 주님께 한탄했습니다.

"주님, 설교할 자신이 없습니다. 이 상황에서 제가 무슨 설교를 할 수 있겠습니까?"

그러자 주님이 즉각 말씀하셨습니다.

"너는 네가 이미 죽었다고 해놓고 금세 뭘 또 그렇게 죽겠다고 아우성이냐? 오늘 저녁 집회에 참석하는 교인들 중에 네 아내처럼 큰 병에 걸려 간절한 심정으로 해답을 구하는 자가 있다면, 너는 그에게 무슨 말을 하려느냐? 네가 네 아내에게 해줄 말을 그에게 하라."

주님은 내가 이미 "저는 죽었습니다"라고 고백한 사실을 다시금 상기시켜주셨고, 코앞에 닥친 내 문제만 생각할 것이 아니라 절박한 문제를 안고 그 집회에 참석할 사람들을 생각하도록 나를 깨우쳐주셨습니다. 그러자 기도도 바뀌었습니다.

"주님, 아내를 주님께 맡깁니다. 제가 할 수 있는 것은 아무것도 없습니다. 다만 오늘 저녁 부흥회에 오는 이들 중 아내와 같은 문제로 온 이가 있다면 제가 전하는 말씀을 통해 문제를 해결 받고 갈 수 있도록 저에게 힘을 주시고 역사하여주옵소서."

그날 본문이 바로 갈라디아서 2장 20절이었습니다.

내가 그리스도와 함께 십자가에 못 박혔나니 그런즉 이제는
내가 산 것이 아니요 오직 내 안에 그리스도께서 사신 것이라

(갈 2:20)

그 말씀은 다름 아니라 내게 주신 응답이었습니다.

'그렇다. 우리는 이미 죽었는데 새삼스럽게 왜 죽음을 걱정하나? 우리는 이미 죽었다고 하나님께 고백하지 않았나!'

살고 죽는 문제를 주님 앞에 다 맡기고 그날 저녁 힘 있게 이 말씀을 전했을 때, 하나님께서 집회에 참석한 많은 사람들에게 특별한 은혜를 주셨습니다.

자기 죽음을 통과한 사람

집회를 마치고 집으로 돌아오는 길에 나는 다시 아내의 상태가 걱정스러워졌습니다. 아마 지금쯤 초주검 상태가 되어 자리에 누워 있을 게 뻔했습니다. 두려운 마음으로 초인종을 눌렀는데 현관문을 여는 아내의 표정이 의외로 무척 밝았습니다. 나는 아내의 눈치를 살피며 물었습니다.

"여보, 괜찮아?"

"예, 저 괜찮아요."

아내의 밝은 표정이 궁금해져서 자초지종을 묻자 아내가 이런 이야기를 들려주었습니다.

"전철을 타고 집으로 오는 동안 자꾸만 눈물이 흘렀어요. 그런데 전철역에서 내려서 택시를 기다리는데, 갑자기 역 주변에서 좌판을 벌이고 장사하는 성도들 생각이 나더라고요. 혹시 내게 무슨 일이 생기면 그 분들을 더 볼 수 없을지도 모른다는 생각이 들어서 마지막 심방이라 생각하고 찾아갔지요. 그런데 느닷없는 저의 방문에 다들 정말 좋아하시는 거예요. 어찌나 반갑게 맞아주시는지 아픈 것도 잊을 만큼 저도 기뻤어요."

그 분들과 저녁을 먹고 택시를 타고 집으로 돌아오는데 갑자기 택시 운전기사에게 복음을 전해야겠다는 생각이 들더랍니다. 그런데 아내가 자꾸 교회 이야기를 하자 그는 떨떠름해 하는 눈치였고 아내는 그에게 "기사님, 저는 지금 병원에서 암 선고를 받고 오는 길이에요. 하지만 우리가 사는 세상 이후에 분명히 천국이 있어요. 꼭 예수님을 믿으셔야 해요"라고 말했더니 운전기사의 태도가 확 바뀌면서 아내의 말에 귀를 기울이더랍니다.

택시에서 내리며 다시 한 번 교회에 꼭 나가시라고 권면하면서 아내는 영혼을 사랑하고 구원하는 일을 하나님께서 얼마나 바라시는지 깨달았다고 합니다. 그러면서 이제 하나님께서 자신에게 시간을 얼마를 주시든지, 그 시간을 주님과 이웃을 위해 사용하고 싶다는 마음의 소원을 고백하게 되었다고 합니다. 아내의 말을 듣는 순간 나는 깨달았습니다.

'아, 아내가 자기의 죽음을 통과했구나. 그러자 예수님이 아내 안에서 행하시는구나.'

얼마 후 아내는 암 수술을 받았습니다. 그 후의 시간은 우리 부부에게 무척 어려운 시간이었습니다. 그러나 하나님께서는 우리에게 큰 은혜를 베푸셨고, 지금 아내는 암에서 완전히 고침을 받았습니다. 우리는 이 일을 통해서 깨달았습니다. 사람이 자신의 죽음을 받아들이고, 삶의 초점을 자신이 아닌 예수님께 맞추면, 육신의 죽음조차 그를 무너뜨릴 수 없다는 것을. 아내는 죽었기에 살았습니다.

복된 죽음을 경험하라

우리가 예수님을 구주로 영접했다면 이제는 예수님을 체험하면서 살아야 합니다. 내 자아가 살아 있는 동안에는 내 삶에 예수님이 나타날 수 없습니다. 그분의 역사가 일어나지 못합니다.

"주님, 저는 이미 죽었습니다. 예수님과 함께 십자가에 못 박혔습니다. 이제부터는 예수님이 제가 되어주십시오. 저를 도구로 삼아 제 남편을 만나주시고 제 아내를 만나주시고 우리 아이들을 만나주십시오. 저를 도구로 우리 직장 사람들을 만나주십시오. 저는 이제 예수님 앞에 죽었습니다."

우리가 이렇게 고백할 때 우리 삶에 복된 죽음이 임합니다. 그 후에 죽음으로 생명을 누리는 그리스도인의 비밀이 자신의 삶에서 해석되고 실현되는 놀라운 기적이 펼쳐질 것입니다.

chapter 04

온전한 순종이
성령 충만의 능력이다

술 취하지 말라 이는 방탕한 것이니 오직 성령의 충만을 받으라 (엡 5:18)

성령 충만은 선택의 문제가 아니다

그리스도인이라면 누구나 성령 충만을 받아야 합니다. 그런데 예수님이 성령을 통해 내주(內住)하신다는 사실을 올바로 이해하지 못하는 것처럼 많은 분들이 성령 충만 역시 오해하는 부분이 있습니다.

언젠가 모 지역 지방 연합 부흥회를 인도한 적이 있는데 마지막 집회 설교를 앞두고 점심을 먹는 자리에서 한 집사님이 이런 이야기를 했습니다. 마지막 설교 제목이 '성령 충만함을 받으라'였습니다.

"목사님, 저는 성령 충만을 받고 싶은 마음은 간절한데 체력이 약해서 성령 충만을 못 받아요."

"성령 충만하고 체력하고 무슨 상관이 있지요?"

"체력이 있어야 되겠더라고요. 성령 충만을 받으려면 우선 엄청나게 빨리 박수를 칠 수 있어야 하잖아요."

나는 기가 막혔습니다. 그의 이야기가 계속되었습니다. 몇 번 부흥회에 참석해보니까 얼마나 찬송을 빨리 부르고 박수를 세게 치라고 하는지 따라 하다가 중간쯤 되면 팔이 아파서 더 이상 못하겠다는 것입니다. 끝까지 따라 하기만 하면 역사가 일어날 것 같은데 말입니다. 게다가 크게 "주여!" 삼창을 하라고 하는데 자기는 "주여!"라고 한 번만 크게 외쳐도 목이 쉬어버린다고 합니다. 쉰 목소리로 "주여! 주여!" 하다가 결국 은혜를 받지 못하고 만다는 것이지요.

결국 이것이 자신이 성령 충만을 받지 못하는 이유가 체력과 관계있다는 그 집사님의 추론입니다. 남들은 다 은혜 받아서 불 받고 성령의 역사가 나타나는데 자기는 체력이 모자라서 매번 남들 은혜 받는 것만 보다가 끝난다는 것입니다. 나는 마치 농담처럼 들리는 이야기에 당황스러웠지만 그 분은 꽤나 진지했습니다.

그와 반대로 목회를 하다보면 성령 충만을 아주 싫어하는 분들도 만나게 됩니다. 자기는 성령 충만 체질이 아니라며, 조용하게 성경적으로 믿는 체질이라고 합니다. 그러나 성경에는 분명히 성령의 충만을 받으라고 했으니 올바로 믿으려면 성령 충만을 받아야 옳은 것이 아닙니까? 아마 성령의 역사가 나타날 때 드러나는 여러 현상들에 대해서 거부감을 느꼈던 모양입니다.

어느 교회의 집회를 인도하러 간 첫 번째 날, 첫 날인데도 교인들이 많지 않아 나는 의아한 마음이 들었습니다. 하지만 그 자리에 나오신 분들이 더욱 귀해서 정말 간절히 말씀을 전했습니다. 그런데 둘째 날, 셋째 날이 되면서 상당히 많은 교인들이 집회에 참석했습니다. 함께 식사를 하면서, 이번 집회에 오신 강사님은 박수 치라고도 안 하고 소리 지르며 기도하라고 안 한다고 해서 나왔다는 말을 들었습니다. 이렇게 부흥회를 인도하는 방식에 대해 거부감을 갖는 교인들도 많습니다.

그러나 이것은 모두 성령 충만을 오해한 데서 비롯된 것입니다. 성령 충만을 받는 데 필요한 특정한 공식이 있는 것이 아니며, 성령의 임재 가운데 자연스럽게 나타나는 현상 그 자체가 곧 성령 충만은 아닙니다. 그런데 외적으로 드러나는 현상에 매여서 성령 충만을 받을 기회마저 외면한다면 얼마나 큰 손해입니까?

성경의 약속과 실제 경험의 차이

그렇다면 성령 충만은 왜 받아야 합니까? 성경이 교회의 성령 충만을 그토록 강조하는 까닭은 무엇입니까? 그것은 성령 충만이 성도의 영적 능력과 깊은 관련이 있기 때문입니다. 분명히 예수님을 믿어서 생명은 있는데 능력이 없는 성도가 있습니다.

병원 중환자실에 가면 산소 호흡기를 끼고 링거액을 맞으며 누워 있는 중환자들을 볼 수 있습니다. 그들은 분명히 살아 있습니다. 그러나 아무 능력이 없습니다. 숨을 쉬는 것조차 자기 힘으로 할 수 없어서 산소호흡기에 의지하고, 스스로 음식을 섭취할 수 없어서 수액을 맞으며 겨우 연명합니다.

우리도 꼭 이와 같은 모습으로 신앙생활 하고 있지는 않습니까? 예수의 생명을 가졌다는 성도가, 살아가는 모습 속에서 아무런 능력도 나타내지 못한다면 그것은 예수님이 원하시는 것이 아닙니다. 하나님께서는 우리에게 생명과 함께 능력도 주시겠다고 말씀하셨습니다.

십자가에서 자아의 죽음을 고백하고 경험한 이들도 곧 당황스러운 일을 만나게 됩니다. 이미 십자가에서 자신은 죽었다고 고백했는데, 여전히 자기 속에서 역사하는 죄, 혈기, 정욕의 문제가 드러나는 것입니다. 그래서 "그렇다면, 내가 죽은 게 아닌가? 죽었다는 것은 무엇인가?" 하는 혼란스러움을 경험하게 됩니다.

십자가에서 자아의 죽음을 믿음으로 받아들인 사람은 성령의 충만으로 나아가야 합니다. 성령 충만은 영(靈)으로 육(肉)을 이기고 온전히 승리하는 삶을 살게 되는 것을 말합니다.

성령 충만 체질이 따로 있는 것은 아닙니다. 단지 성령 충만이 왜 꼭 필요한지를 모르고 있을 뿐입니다. 예수님을 구주로 믿은 모든 성도라면, 정말 승리하는 삶을 살기 원한다면, 성령으로 세례를 받아야 하고 성령으로 충만해야 합니다. 아직까지 성령 충만을 받지 못했다는 생각이 들면 하나님 앞에 담대히 구해야 합니다. 성령 충만은 반드시 받아야 합니다.

> 저희에게 분부하여 가라사대 예루살렘을 떠나지 말고 내게 들은 바 아버지의 약속하신 것을 기다리라 (행 1:4)

존 웨슬리(John Wesley)가 성령을 체험하고 영국 교회에 성령 운동을 일으키자 그의 모교인 옥스퍼드대학에서 교수들이 그를 불렀습니다. 그가 벌이고 있는 성령 운동이라는 것이 도대체 무엇인지 듣기 위해서였습니다. 존 웨슬리는 교수들이 모인 자리에서 '성령 충만을 받으시오' 라는 제목으로 말씀을 전했습니다. 지성

인인 자기들 앞에서 이런 설교 제목은 곤란하다고 난감해 하는 최고 석학들 앞에서 웨슬리는 이렇게 대답했습니다.

"예수님의 제자들은 예수님을 만났고, 예수님의 말씀을 직접 들었고, 예수님과 함께 먹었고, 자신들의 눈으로 죽은 자가 살아나는 기적도 보았습니다. 그런데도 예수님은 제자들에게 '성령을 받으라'고 명하셨습니다. 그들은 예수님의 명령을 따라 예루살렘에 머물며 성령이 임하기를 기다렸고, 오순절 날 마가의 다락방에서 성령의 충만함을 받고 난 다음 전도했습니다. 그러자 베드로와 사도들의 설교를 듣고 일시에 3천 명이 세례를 받았고, 5천 명이 믿는 역사가 일어났습니다.

그런데 옥스퍼드대학의 교수님, 여러분은 예수님을 직접 만난 적이 있습니까? 예수님과 함께 식사했습니까? 예수님의 기적을 직접 보기라도 했나요? 예수님을 직접 만나고 함께 먹고 기적을 목격했던 제자들도 성령이 임하여 권능을 받은 다음에야 나가서 영혼을 건질 수 있었는데, 그렇다면 여러분이야말로 반드시 성령 충만함을 받아야 하나님의 종으로 쓰임 받을 수 있지 않겠습니까?"

웨슬리의 설교를 들은 교수들이 깨어졌습니다. 그 후 옥스퍼드대학에 성령 운동과 영적 갱신 운동이 일어났습니다. 그러자 산

업혁명의 위기를 겪던 영국 사회가 변화되기 시작했고 빈부 격차의 문제도 해결되었습니다. 교회가 부흥하면서 영국이 구원 받는 역사가 일어났습니다.

성령 충만을 받기 위한 조건

성령 충만을 갈구하는 이들 가운데 빚어지는 오해도 있습니다. 그중에 자신은 성령 충만 받기를 간절히 원하지만 하나님께서 주지 않으신다고 생각하는 오해도 있습니다.

"저도 정말 성령 충만을 받고 싶어요. 하지만 아무리 구해도 하나님이 안 주시는데 어떡해요."

하지만 우리에게 성령 충만을 받으라고 명령하신 하나님께서 왜 성령 충만을 부어주지 않으시겠습니까? 하나님은 오히려 우리가 원하는 것 이상으로 우리에게 빨리 성령 충만을 부어주고 싶어서 마음이 급하신 분입니다. 성령 충만 없이는 능력 있는 신앙생활을 할 수도, 승리의 삶을 고백할 수도 없기 때문입니다. 그런데 하나님께서 다른 어떤 이유로 미루시겠습니까?

하나님께서 주지 않으시는 것이 아니라 우리가 성령 충만을 받을 준비가 되어 있지 않은 것입니다. 하나님께서 때가 되지 않았다고 판단하셔서 성령 충만을 주지 않으시는 거라면 우리가 아무리 간절히 기도하고 구해도 소용없을 것입니다. 하지만 만약 우리의 준비가 문제가 되어 성령 충만을 받지 못한다면 희망이 있는 것입니다. 우리만 준비되면 지금 당장 성령 충만을 얻는다는 말이기 때문입니다.

그러면 어떻게 해야 성령을 충만히 받을 수 있습니까? 여기에는 특별한 방법이 따로 있는 것은 아닙니다. 성령 충만은 성령의 전적인 주권 아래서 이루어지는 일이기 때문입니다. 하지만 성경을 통해 우리는 성령 충만을 받기 위한 두 가지 중요한 조건이 있음을 발견할 수 있습니다.

성령 충만을 정말 간절히 구하는가?

성령을 충만히 받기 위한 첫 번째 조건은 성령 충만의 약속을 진정으로 믿고 구하는 것입니다.

> 너희가 악할지라도 좋은 것을 자식에게 줄 줄 알거든 하물며 너희 천부께서 구하는 자에게 성령을 주시지 않겠느냐 하시니라 (눅 11:13)

하나님께서는 구하는 자에게 성령을 주신다고 말씀하셨습니다. 구하는 것은 조건이라고 할 것도 없이 너무 쉽다고 생각할는지 모르겠습니다. 그런데 달라고 구하는 것이 무엇이 어려운가 하는 이 생각 때문에 혼돈이 초래됩니다. 성경에 분명히 구하면 주신다고 말씀하셨는데 현실을 보면 아무리 성령 충만을 구해도 받지 못했다고 하기 때문입니다. 그래서 때로는 구하면 주신다는 하나님의 약속을 의심하기도 합니다. 그러나 정말 우리가 구했는데도 하나님께서 주지 않으시는 걸까요?

나는 1990년에 부산에서 처음 도시 교회 담임목회를 시작했습니다. 새로 부임한 교회는 부산에서 가장 역사가 오래된 감리교회였고, 500명 이상 모일 수 있을 만큼 예배당 규모도 컸습니다. 그러나 교회 건축을 마무리하는 과정에서 담임목사님이 지병 악화로 돌아가신 후라 실제로 주일예배에 참석하는 교인은 100여 명밖에 되지 않았습니다. 예배에 참석하는 교인들의 연령층은 높았고, 교회의 미래라고 할 수 있는 교회학교, 학생부, 청년부는 간신히 명색만 유지하고 있는 형편이었습니다.

부임한 지 몇 주 동안 교회의 여러 사정을 살피며 내린 결론한 가지는 성령의 역사 없이는 아무것도 할 수 없다는 것이었습니다. 그래서 온 교인들에게, 성령님께서 교회를 이끌어주시도록 모두 성령 충만을 위해 간구하자고 호소했습니다. 교인들도 "아멘"

으로 화답해주었습니다. 온 교인이 마음을 모아 성령 충만을 구하고 있으니 곧 하나님께서 우리 교회에 성령의 역사를 넘치도록 일으켜주시리라 기대했습니다.

그렇게 6개월, 1년의 시간이 흘렀습니다. 교회는 분명히 성장하고 있고 점차 달라졌지만 내 마음은 여전히 갈급했습니다. 그것이 내가 사모했던 성령 충만의 능력이라고 볼 수 없었기 때문입니다. 하나님께서 말씀하신 성령의 역사는 그런 정도가 아니었습니다. 사도행전을 보면 얼마나 놀라운 성령의 역사가 기록되어 있습니까? 나는 간절한 마음으로 하나님께 기도했습니다.

"하나님, 모든 성도들이 한마음으로 그토록 간구하는데 왜 성령 충만의 은혜를 주지 않으십니까?"

그런데 하나님의 응답은 "너희가 구하지 않는다"는 것이었습니다. 이해가 되지 않았습니다. 분명히 모든 교인들이 성령 충만함을 간구하고 있는데 주님은 아니라고 하시니 말입니다. 그래서 한 사람씩 구체적으로 어떻게 기도하는지 물어보았습니다. 대답은 실망스럽기 그지없었습니다. 이따금 생각날 때, 어쩌다 한 번 기도한다면 그것은 분명히 간절히 구하는 것이 아닙니다.

얼마 후 전심으로 성령 충만을 간구하는 것이 무엇인지 깨닫게 되는 일이 생겼습니다. 교회에서 저녁마다 모여 나라와 교회를 위해서 기도하는 모임을 갖게 되었습니다. 어느 날 간절히 부르짖으며 기도회를 인도하고 있을 때 평상시에 잘 나오지 않던 한 남자 집사님이 눈에 띄었습니다. 그 집사님까지 기도회에 나와 저토록 열심히 기도할 정도면 정말 부흥은 눈앞에 다가왔다는 소망이 생겼습니다.

그런데 다음날 그 집사로부터 전화가 걸려왔습니다.

"목사님, 융자가 나왔어요!"

기뻐서 흥분한 목소리가 수화기를 타고 흘러나왔습니다. 처음에는 무슨 영문이지 몰라 잠시 어리둥절했지만 곧 그의 설명을 듣고 상황이 이해가 되었습니다.

전 재산을 투자해서 벌인 사업의 마지막 잔금을 치러야 하는 날인데, 융자가 나오기로 되어 있던 은행에서 융자를 내줄 수 없다고 했다는 것입니다. 여러 은행을 찾아다니며 대출을 신청해보았지만 번번이 거절당하고 마지막으로 들른 은행에서 내일 다시 와보라는 대답을 들었다고 합니다. 결국 기운 없이 교회 앞을 지나가다가 마침 기도회가 열리는 것을 보고 자기도 모르게 예배당에 들어와 앉았는데, 자신의 문제가 너무 시급했기 때문에 뒷자리에 앉자마자 교회를 위해 기도할 때도, 나라를 위해 기도할 때도, 환자들을 위해 기도할 때도 그는 계속 융자 받을 수 있게 해달라는 기도만 했다는 것입니다. 그런데 그토록 바라던 융자가 나왔으니 기쁜 마음에 전화를 걸어온 것입니다.

나는 그 분의 말을 들으면서 그의 문제가 해결되어 하나님께 감사하는 한편 모든 기도를 자기 기도로 바꾼 그에 대해 씁쓸한 생각이 들었습니다. 전화를 끊고 일어서려는 순간 성령님께서 내 마음에 말씀하셨습니다.

"이제 구한다는 것이 어떤 것인지 알겠느냐?"

나는 그 집사를 통해서 예수님께서 "구하는 자에게 성령을 주시지 않겠느냐"라고 하신 말씀의 정확한 의미를 깨달을 수 있었습니다. 우리는 늘 성령 충만을 구하는 것 같지만, 사실상은 구하고 있지 않았던 것입니다.

끝까지 구하라

당신은 성령 충만을 구하고 있습니까? 정말 그렇다고 대답할 수 있으려면 언제 어디서나, 집에서나 교회에서나, 모였을 때나 파했을 때나, 홀로 있을 때나 밤낮으로 줄곧 "하나님, 성령 충만을 주십시오!"라고 구해야 합니다. 현재 물질의 어려움을 겪고 있다고 생각해보십시오. 당장 필요한 물질을 구하는 기도는 매일, 매 순간, 밥을 먹을 때나 잠자리에 들 때나 끊이지 않고 나옵니다.

결국 지금 우리가 정말 간절히 성령 충만을 원하는지, 정말 간절히 성령 충만을 구하는 것인지 스스로 물어보아야 합니다. 밤이고 낮이고 성령 충만을 달라는 기도가 나오는지 한 번 스스로 물어보십시오. 우리가 진심으로 구하는 것이 무엇인지 하나님이 아십니다. 그런데 돈 달라는 기도, 병 고쳐달라는 기도, 우리 아이 좋은 대학에 들어가게 해달라는 기도는 매일매일 하면서 성령 충만함을 달라는 기도는 어쩌다 한 번 간신히 나온다면 우리는 진정으로 성령 충만을 구하는 것이 아닙니다!

십자가를 통과한 사람은 성령의 충만함을 갈망하게 되어 있습니다. 십자가에서 자아가 이미 예수님과 함께 죽었음을 믿음으로 취했지만, 말씀과 실제 삶의 차이가 너무 크다면, 갈급한 마음이 생길 수밖에 없는 것입니다. "주님, 이게 도대체 뭡니까? 나는 죽었는데 왜 내 삶은 성경의 약속대로 승리가 아닙니까?" 하고 구하게 되는 것입니다. 바로 이것이 성령의 충만함에 대한 갈망입니다.

예수님은 하늘로 올라가시기 전 제자들에게 "너희는 예루살렘을 떠나지 말고 약속한 성령을 기다리라"고 명령하셨습니다. 그래서 그들은 마가의 다락방에 모여 전심으로 기도에 힘썼습니다. 예수님은 언제라고 말씀하지 않으셨고 다만 받을 때까지 기다리라고 하셨습니다.

여느 사람 같으면 하루이틀사흘이 지나도록 아무 변화가 없으면 지쳐서 떠나갔을 것입니다. 그러나 다락에 모인 사람들은 끝까지 기다렸습니다. 예수님의 말씀을 끝까지 믿었고 끝까지 붙들었습니다. 예수님이 승천하시고 열흘째 되는 날, 오순절이 되었습니다. 갑자기 기도하던 120문도 위에 성령이 바람같이, 불같이 운행하기 시작했습니다. 예수님이 약속하신 대로 드디어 성령이 임하신 것입니다.

끝까지 구하는 것, 이것이 성령 충만을 구하는 것입니다.

예수님 한 분이면 충분합니다

그렇다면 그렇게 간절하게, 끝까지 구하는 성령 충만함이란 무엇입니까? 도대체 무엇을 구한다는 것입니까? 성령 충만을 간구하는 것은 성령의 은사나 능력을 구하는 것이 아닙니다. 오직 예수님 한 분만을 구하는 것입니다. 정말 자신이 죽었다면 그 다음에 무엇을 구할 것입니까? 예수님밖에 구할 것이 없습니다. 예수님이 생명이 되셨으니 예수님 한 분이면 충분한 것은 당연한 일입니다.

우리는 "네 원수를 용서하고 사랑하라"는 말씀에 대하여, 못한다고 말합니다. 그러면서 성령 충만을 구합니다. "너희 몸을 하나님이 기뻐하시는 거룩한 산 제사로 드리라"는 말씀에 대하여, 아직 준비가 되지 않았다고 말합니다. 그러면서 성령 충만을 구합니다. 주님은 우리가 정말 예수님을 구하는지 알고 싶어 하십니다. 성령 충만한 상태를 구하는 것이 아닙니다. 주님 그분을 구하는 것입니다. 성령 충만이란, 예수님 한 분이면 충분하다고 고백하게 되는 것입니다. 성령님께 완전히 복종하고자 하는 열망에 하나님께서 응답하시는 것입니다. 예수님을 인격적으로 알지 못하면 예수님만을 구하는 기도를 할 수 없습니다.

나는 신학생 때, "예수님 한 분이면 충분합니다"라고 고백하지 못했습니다. 당시 이 고백의 정확한 의미도 몰랐을 뿐 아니라 이 말이 마치 목회에 실패한 사람의 변명처럼 들렸습니다. 나는 큰 교회 담임목사를 꿈꾸며, 목회에 성공하려면 학력도 경력도 영력도 갖추어야 한다고 생각해서 열심히 공부하고 실습도 좋은 교회에서 해야 한다고 생각했습니다. 그러면서도 그것이 잘못이라고는 꿈에도 생각하지 않았습니다.

만일 "예수님 한 분이면 충분하다"고 하면 성공하는 목회에 대한 꿈을 포기해야 한다고 생각했습니다. 하나님께서 "너는 나 하나면 충분하다면서?"라고 말씀하실 것 같았기 때문입니다. 마음 깊은 곳에 "예수님은 나의 주님이십니다! 나의 왕이십니다!"라고 고백하는 것에 대한 두려움이 있었습니다. '하나님께서 만약 내가 원치 않는 길로 인도하시면 어떻게 하나?' 하는 불안함이 있었습니다.

이유는 단 하나였습니다. 그 당시에 예수님을 인격적으로 알지 못했기 때문입니다. 예수님을 인격적으로 알지 못했을 때, 은밀한 시간은 죄짓는 시간이었습니다. 그러나 예수님을 인격적으로 알고 난 다음 은밀한 시간은 은밀한 은혜의 시간이 되었습니다. 정말 중요한 것은 주님을 갈망해야 한다는 것입니다.

우리는 성령 충만을 구할 때조차 예수님이 아닌 체험을 구할 때가 많습니다. 우리가 구할 것은 오직 예수님입니다. 성공, 진학, 결혼, 영적 체험, 건강 등 여러 가지를 구하지만 그것은 예수님이 아니지 않습니까? 은혜를 구할지언정 "예수님, 저는 주님만을 원합니다"라고 구하지 못합니다. "아무도 가지 않겠다는 곳이 있으면 저를 보내세요. 저 있잖아요!" 할 수 있습니까? 자신에 대해 절망하지 않으면 성령 충만을 갈망하지 않습니다. 예수님 한 분만 구하지 않는 것입니다.

완전한 순종이 성령 충만이다

성령 충만을 받기 위한 두 번째 조건은 완전한 순종입니다.

하나님께서는 자기에게 완전히 순종하는 자에게 성령을 부어주십니다.

> 우리는 이 일에 증인이요 하나님이 자기를 순종하는 사람들에게 주신 성령도 그러하니라 하더라 (행 5:32)

많은 성도들이 성령님께 완전히 복종하는 것을 두려워합니다. 힘든 일이라고 여깁니다. 그러면서도 성령 충만을 구합니다. 이것은 거짓으로 구하는 것입니다. 성령 충만이란 성령님께 완전히 순종하는 것을 말합니다. 그러므로 성령 충만이 어려운 것이 아니라 "하나님께 완전히 복종하리라!"고 하는 결심이 어려운 것입니다.

당신은 성령 충만이 성령님께 완전히 복종하는 것이라고 해도, 성령 충만을 구하겠습니까? 당신은 하나님께서 명령하시는 것이라면 무조건 순종할 결심이 섰습니까? 모든 죄를 다 끊고 살겠습니까? 모든 음란한 영화, 잡지, 책들을 다 멀리하겠습니까? 욕심도, 거짓말도, 싸움도 다 끊겠습니까? 이런 결심을 하려고 할 때, 혹시 마음이 슬프고 무슨 재미로 사나 하는 생각이 들지는 않습니까?

우리는 죄를 좋아합니다. 그래서 죄와의 싸움이 어려운 것입니다. 그러나 하나님께 완전히 순종하지 않으면서 어떤 복을 기대하겠습니까? 그렇기 때문에 성령 충만을 받기 위해 먼저 성령님께 완전히 순종하겠다는 마음가짐으로부터 출발해야 합니다.

하나님께 완전히 순종한다는 것은 우리 힘으로 할 수 없는 일입니다. 하나님께서 그 힘을 주시지 않으면 못합니다. 그러나 하나님께 완전히 순종하고 싶은 마음과 소원이 없으면 하나님께서 그 힘을 주실 수 없습니다.

순종하고자 하는 마음을 드리면 그때 우리는 하나님의 능력으로 하나님께 완전히 순종하게 되는 것입니다. 예를 들면, 자신의 힘으로는 용서할 수도 없고 사랑할 수도 없는 사람이 있다고 합시다. 그때, "나는 용서할 수 없어요. 사랑할 수 없어요"라는 것과 "하나님, 용서하겠으니 힘을 주세요. 사랑하기 원하니 힘을 주세요"라고 하는 것은 다른 문제입니다.

당신은 성령님께 완전히 순종할 각오와 결단이 되어 있습니까? 성령님이 어떤 길로 인도하시든지 순종하겠습니까? 가라고 하시면 가고 서라고 하시면 서겠습니까? 무엇을 바치라고 하든지 순종하겠습니까? 심지어 생명을 바치라고 하셔도 순종하겠습니까? 정말 성령님께서 하라는 대로 온전히 복종하겠습니까?

그런데 어쩌면 우리는 하나님께서 정말 이런 것들을 요구하실까봐 겁부터 내는지도 모릅니다. 우리는 하나님을 믿는다고 하면서도 진짜 좋으신 하나님이신 것을 믿지 못하고 있습니다. 아니라고 하지만 우리 안의 두려움이, 우리가 하나님을 어떻게 생각하는지 반증해줍니다. 하나님을 내가 좋아하는 것을 빼앗아 가시는 분, 나를 고생스럽게 하시는 분, 하기 싫은 것을 억지로 시키시는 분으로 여기고 있음을 드러냅니다. 여전히 하나님을 의심하고 있습니다. 그래서 하나님께서 시키시는 것이면 무엇이든지 다 하겠다고 결단했다가는 큰일 난다고 생각하고 진작 할 수 있는 만큼만 하자고 마음먹었는지도 모릅니다.

이런 우리 모습을 보시며 주님의 가슴이 얼마나 아프시겠습니까? 그분은 우리를 위해서 모든 것을 다 주셨습니다. 우리를 위해 독생자까지 아끼지 않으셨습니다. 세상 어느 누가 다른 사람을 위해서 자기 자식을 죽음으로 내몰 수 있단 말입니까? 그런데 우리는 왜 하나님을 인색한 하나님, 좋은 것을 빼앗아 가는 하나님, 까다로우신 하나님, 고생시키는 하나님으로 생각합니까? 누가 하나님을 믿노라 하면서 한 수 접고 들어가 하나님을 믿어도 된다고 허락했습니까? 누가 하나님을 그런 분이라고 가르쳤습니까?

성령 충만을 받고 나서 그때 비로소 깨달은 사실이 있습니다.

"내가 머리 굴리고 계산기 두드려보고 요모조모 따지며 살아왔는데 결국은 그게 아무것도 아니었구나. 하나님께 순종하지 않아서 내 인생이 이만큼밖에 안 되었구나. 하나님 아버지의 선하심을 믿고 온전히 순종하지 않아 순적한 인생을 살지 못했구나."

그래서 성령 충만을 받은 사람은 이렇게 고백할 수밖에 없습니다.

"하나님, 이제는 제가 하나님만 믿습니다! 하나님의 말씀에 순종하겠습니다. 성령님, 제게 말씀해주세요. 온전히 순종하겠습니다. 이제 저는 예수님 한 분이면 충분합니다!"

이때 비로소 하나님께서 그 사람의 삶을 인도하실 수 있습니다. 그 사람의 마음에 마침내 온전한 순종에 대한 결론이 났고 온전한 순종을 바칠 채비가 되었기 때문입니다. 성령 충만은 하나님께 온전히 순종하고자 하는 사람에게 부어주시는 하나님의 응답이기 때문에 그렇습니다.

순종의 마음을 원하시는 하나님

한번은 성경공부를 인도하다가 모인 분들에게 다들 지갑을 꺼내보라고 했습니다. 모두 의아해 하면서 지갑을 꺼냈습니다. 지갑을 든 열 명에게 나는 다시 개별적으로 이렇게 물어보았습니다.

"그 지갑이 누구의 것입니까? 하나님의 것입니까, 당신 것입니까?"

성경공부를 하기 위해 모인 자리인 만큼 알아서 하나님 것이라고 대답하는데, 두 사람이 대답하지 못하고 망설였습니다. 하나님의 것이라고 대답하면 지갑에 있는 돈을 다 꺼내서 헌금하라고 할 것 같았는지 '이럴 줄 알았으면 돈이라도 적게 넣어가지고 올걸' 하는 얼굴입니다. 나는 다시 이렇게 질문했습니다.

"집에 통장 있으시죠? 그 통장은 누구의 것입니까?"

그러자 이번에는 두 사람 정도만 "하나님 것입니다"라고 대답했고 나머지 여덟 명은 웃기만 할 뿐 대답하지 않았습니다. 나는 또 물었습니다.

"집문서, 땅문서 있으세요?"

그러자 이번엔 전부 얼굴빛이 변했습니다. 목사가 성경공부 하다말고 난데없이 있는 거 다 팔아서 교회에 바치라고 하나 하고 놀란 모양입니다.

만일 하나님께서 당신에게 "네가 가지고 있는 재산이 누구의 것이냐?"라고 물으신다면 당신은 뭐라고 대답하겠습니까? 두 번도 생각하지 말고 모두 하나님의 것이라고 대답하길 바랍니다.

혹시 그렇게 대답했다가 하나님이 진짜 전부 바치라고 하면 어떡하나 걱정되십니까? 하지만 이런 걱정만큼 어리석은 것이 없습니다. 하나님께서 정말 내가 가진 것을 다 가져가시겠다고 작정하셨으면 내 허락 따위는 필요 없습니다. 우리가 아무리 울고 매달리며 "하나님, 이것만은 안 됩니다!"라고 해도 하나님께서 거두어 가시기로 작정하셨으면 다 거두어 가십니다. 다들 경험해본 적이 있을 것입니다. 우리가 가진 모든 것, 우리의 생명까지 하나님의 것이며 하나님의 손에 달려 있습니다.

그럼 필요하시면 그냥 가져가시면 되지 무엇 때문에 굳이 "네가 가진 것이 누구의 것이냐?"라고 물으시는지 생각해보십시오. 우리가 가진 모든 것 중 하나님께서도 임의로 가져가시지 않는 것이 있습니다. 그것은 바로 우리 마음입니다.

하나님께서 애당초 우리를 하나님의 말씀대로 살고, 저절로 열심히 기도하고, 저절로 열심히 전도하게 만들어놓으셨다면 어땠을까요? 그러면 우리는 죄와 싸울 필요도 없이 온전히 하나님 뜻대로 살 수 있지 않았을까요? 하지만 하나님은 그렇게 하지 않으셨습니다.

아담이 범죄하여 타락한 이후 우리는 하나님께 불순종하는 존재가 되었습니다. 그런데 인격적이신 하나님은 우리가 하나님을 향해 마음을 돌이키기를 바라셨습니다. 하나님의 말씀을 주시고, 하나님의 약속을 주시며 끊임없이 하나님께 이끄셨고, 우리 마음의 주인이 되어 우리의 마음을 새롭게 하시고, 그 마음을 주관하기 원하셨습니다. 그 마음 가운데 역사하시어 순종하는 마음, 곧 믿음을 받기 원하셨습니다. 하나님이 우리에게 원하시는 것은 하나님을 향해 자원하는 심령으로 순종하는 사랑의 관계입니다.

그까짓 양복이 대수인가?

내가 부산에서 학원복음화협의회 공동대표로 섬길 때 있었던 일입니다. 대학 캠퍼스에서 열린 청년 연합 집회에 대표기도 순서를 맡아 주일예배 때만 입는 가장 좋은 양복을 꺼내 입고 집회가 열리는 장소로 갔습니다. 학교 운동장은 이미 청년들로 꽉 차 있었고 모두들 흙바닥에 신문지를 깔고 앉아 있었습니다. 나는 의자에 앉아 순서를 기다리며 청년들과 함께 찬양하고 있었습니다. 그런데 찬양 인도자에게 성령의 감동이 있었는지 그가 갑자기 이렇게 외쳤습니다.

"여러분, 이 시간에 우리가 하나님 앞에 무릎을 꿇고 통성으로 이 부산의 청년들에게 하나님의 부흥을 달라고 다함께 기도합시다!"

그러자 청년들이 "아멘!" 하더니 운동장에 무릎을 꿇고 기도하기 시작했습니다. 나는 순간적으로 갈등했습니다.

'이 흙바닥에 무릎을 꿇으면 양복을 다 버릴 텐데…. 아, 굳이 무릎을 꿇어야 할까? 순서를 맡은 사람은 의자에 앉아서 기도하면 안 될까?'

그런데 그 순간 하나님의 책망하심이 전해졌습니다.

'네가 부산의 청년 부흥을 위해 그렇게 기도한다면서 지금 양복이 문제냐?'

순간이었지만 얼마나 부끄러웠는지 모릅니다.

'양복이 더럽혀질까봐 무릎도 못 꿇다니, 이건 말도 안 된다!'

나는 하나님께 용서를 빌고 이왕 무릎 꿇으니 단단히 힘을 주어 꽉 꿇었습니다. 그런 다음 두 손을 들고 간절히 부르짖으며 기도했습니다. 이제껏 기도하면서 불이 임하는 경험을 그날처럼 강력하게 해본 적이 없습니다. "주여!" 한 번 외치고 나자 내 정신이 아닐 정도였습니다. 부산 땅의 영적인 상태가 얼마나 애통하게 느껴지던지, 나는 이 땅의 청년들을 위해 눈물 콧물 범벅이 되어 기도했습니다.

간절한 마음과 기도는 역사를 일으킵니다. 성령님께 온전히 순종하겠다고 작정하면 의미심장한 사건들이 다가옵니다. 그때를 놓쳐서는 안 됩니다. 그때마다 일일이 고민하다가는 순종의 기회를 놓치게 됩니다. 일단 먼저 마음에 결심을 하고 있어야 때맞춰 순종도 할 수 있습니다. 우리가 순종하기 시작하면, 우리가 순종하기만 하면 우리 삶에 나타나는 성령의 역사와 능력이 달라집니다. 신앙의 차원이 달라집니다.

하나님만 자랑하는가?

서울 광림교회 부목사로 사역하며 신학대학원 공부를 병행할 무렵 학업에 어려움이 있었습니다. 바쁜 사역 여건 속에서도 여러분의 배려로 마지막 논문 학기 등록만 남겨둔 시점에서 나는 지금까지 인도해주신 하나님께 감사드리며 간절히 기도했습니다.

"하나님, 이제 한 학기 남았습니다. 논문만 쓰면 졸업입니다. 논문을 쓰려면 심방이나 말씀을 준비할 시간까지 나누어 써야 할 텐데, 제게 힘을 주십시오. 학업도 잘 마치고 목양에도 소홀하지 않도록 하나님께서 도와주십시오."

그런데 하나님께서 내 마음에 예상치 못한 말씀을 주셨습니다.

'네 대학원 석사 학위를 나에게 바칠 수 있겠느냐?'

나는 너무 당황스러워서 머리를 흔들었습니다.

'어차피 할 공부는 다했고 이제 논문만 쓰면 되잖니? 마음에 부담이 되면 차라리 학위를 포기하고 사역에 집중하는 것이 어떻

겠니?'

차라리 듣지 않았으면 좋았을 말씀을 들은 것입니다. 물론 하나님께서 공부하는 것이나 학위가 아무 소용없다고 하신 말씀은 아닙니다. 내 마음에 학위가 차지하는 비중의 문제, 하나님의 종으로서 하나님만 의지하고 하나님만 자랑하며 나아가는데 걸림돌이 될 만큼 우선순위가 높아진 나의 학위 문제를 하나님께서 정확히 지적하신 것입니다.

나는 일찍이 부모님의 서원에 따라 목사가 되기 위해 신학교에 가기로 이미 정해진 상태였습니다. 이왕 신학교에 가기로 했는데, 공부를 못해서 신학교에 갔다는 소리를 듣는 것만큼은 참을 수 없어서 고등학교 때에도 얼마나 열심히 공부했는지 모릅니다. 그 결과 신학대학에 수석으로 입학했고 또 수석으로 졸업했습니다. 그것은 은연중에 내 마음에 자랑이자 못다 이룬 세상 성공에 대한 보상과 같은 것이었습니다.

대학원에 진학할 때도 목회에 뜻이 있었기 때문에 신학대학원에 진학하면 되는데도 굳이 독일어 시험을 치르면서 본 대학원을 선택했습니다. 공부를 잘한다는 주위 사람들의 평가, 그것은 내가 내려놓아야 할 자존심이었습니다. 하나님께서는 정확하게 그 석사 학위를 바치라고 하십니다. 그러면 나는 겨우 학부만 졸업한 목사가 되는 것입니다.

실제로 요즘에도 다른 교회나 집회에서 강사 초청을 받을 때마다 학력이 어떻게 되느냐는 질문을 받습니다. 감리교신학대학교 졸업이라고 밝히면 으레 "그럼 신대원은 어디 졸업하셨어요?"라는 질문이 뒤따릅니다.

"대학원은 졸업하지 못했습니다. 저의 최종 학력은 감리교신학대학교 졸업입니다."

이렇게 대답하면 더 묻지 않고 금세 화제를 바꿉니다.

처음 하나님으로부터 그 말씀을 듣고 이런저런 생각들로 머릿속이 복잡해져서 도무지 마음에 결단이 서지 않았습니다. 몇몇 선배 목회자들에게 이 일을 상담했습니다. 대부분 지나친 생각이니 신경 쓰지 말고 남은 한 학기를 마저 하라고 조언해주었습니다. 그 말이 틀린 것은 아니지만 계속해서 '하나님이 우선이냐, 너의 자랑이 우선이냐?' 라고 물으시는 하나님 앞에서 나는 꼼짝도 할 수 없었습니다.

완전한 순종의 기적

토요일이 등록 마감인데 금요일까지 결정을 내리지 못하고 있었습니다. 얼마나 고민이 되었는지 몸살이 나서 열이 펄펄 오르고 자리에 몸져누워 일어나지도 못했습니다. 나는 내가 왜 그렇게 앓는지 그 이유를 너무 잘 알고 있었습니다. 내가 주님과 싸우고 있었기 때문입니다. 자리에 누워서 끙끙 앓다가 철야기도회 시간이 되어 혼자서라도 기도는 해야지 하고 일어나 이불 위에 무릎을 꿇었습니다. 그렇지만 기도할 수 없었습니다. 나는 주님과 싸우고 있었고, 나 자신과 맹렬히 싸우고 있었습니다. 그러다가 결국 입을 열어 고백하고 말았습니다.

"석사 학위를… 바치겠습니다."

그렇게 고백하고 이불 위에 엎드려서 정말 서럽게 통곡하며 울었습니다. 아직 생명이 끊어지지 않았지만 마치 죽음을 경험한 것 같았습니다. 내 삶의 미래가 모조리 죽고, 주님이 내가 아주 오래 전부터 품어온 소중한 꿈을 송두리째 가져가버리신 것 같았습니다. 큰 교회를 담임하고 싶다는 꿈은 버려야 합니다. 요즘 세상에 박사는커녕 석사 학위조차 없는 사람을 어느 교회에서 담임목사로 청빙하겠습니까? 가방 끈 짧은 목사라고 은근히 무시하는 사람들의 시선도 감수해야 합니다. 내가 그런 일에 얼마나 연연하며 살아왔는지, 나는 그날 절실히 깨달았습니다.

그런데 그렇게 한참 울고 나니 몸이 깃털처럼 가벼워지기 시작했습니다. 열이 다 내렸고 몸에서 힘이 났습니다. 그 순간 내 마음에 '잘했다, 참 잘했다' 하는 성령님의 음성이 들려왔습니다.

그 다음 날 아침 학교에 가서 자퇴서를 제출했습니다. 그리고 그간 학업을 핑계로 소홀했던 심방을 시작했습니다. 그렇게 6개월이 지났습니다. 예정대로라면 대학원을 졸업할 무렵, 놀라운 일이 일어났습니다. 부산에서 역사가 가장 오래된 부산제일교회로부터 담임목사 청빙을 받은 것입니다. 학부 졸업에 나이도 어린 젊은 목사는 그 교회에서 담임목사 청빙을 위해 내세운 조건에도 맞지 않았습니다. 그렇게 나는 부산에서 10년 동안 열심히 사역했습니다. 그 후 안산광림교회의 청빙 역시 나의 학력은 아무런 고려 대상이 되지 않았습니다.

2003년 선한목자교회에 부임할 때도 마찬가지였습니다. 2004년도에는 모교인 감리교신학대학교의 특별 초청으로 그해 완공된 채플에서 처음 열리는 학생 부흥회를 인도하기도 했습니다. 사실 그런 자리에 설 자격이 없는 사람인데, 총장님을 비롯한 여러 교수님들과 많은 대학원생, 학부생들 앞에서 나는 3일간 하나님의 말씀을 전했습니다. 어떻게 이런 놀라운 일들이 내게 벌어질 수 있었을까요? 순종하기로 결단하고 내 것을 포기하는 순간 성령님은 내 삶을 온통 기적과 간증거리로 채워주셨습니다.

혹시 성령님이 지금 당신에게 순종하기를 요구하고 계신가

4장_온전한 순종이 성령 충만의 능력이다

요? 그것이 하나님의 명령이 분명하다고 깨달았다면 순종하기를 주저하지 마십시오. 순종을 두려워하지 마십시오. 더 이상 고민하지 말고 순종하십시오. 그것이 기적으로 충만한 삶을 사는 비결입니다.

하나님께서는 완전히 순종하는 자들을 통해 당신의 영광을 드러내시는 하나님이시기 때문입니다.

chapter 05

염려하지 않는 진짜 믿음을 발휘하라

믿음이 없이는 기쁘시게 못하나니 하나님께 나아가는 자는 반드시 그가 계신 것과
또한 그가 자기를 찾는 자들에게 상 주시는 이심을 믿어야 할지니라 (히 11:6)

착한 것이 믿음은 아니다

예수를 믿고 받은 가장 큰 축복은 믿음으로 살게 된 것입니다. 그러나 안타깝게도 많은 그리스도인들이 믿음이 무엇인지 잘 모릅니다. 많은 그리스도인들이 성경 지식, 교리 지식을 아는 것을 믿음이라고 생각합니다.

부산에서 목회할 때 믿음이 좋다고 칭찬이 자자한 어느 젊은 집사님 댁으로 다함께 심방을 간 적이 있습니다. 함께 심방을 가던 분들도 하나같이 요즘 젊은 사람들 중에 이만한 믿음을 가진 사람이 드물다고 이구동성으로 칭찬하여 나도 큰 기대를 갖게 되

었습니다. 직접 만나보니 선한 인상에 내내 겸손한 태도로 예배를 드리는 모습이 역시 듣던 대로 정말 신실해 보였습니다.

그런데 예배를 마치고 다과를 들며 신앙상의 고민과 기도제목을 나누는 자리에서 나는 그 집사님의 이야기에 실망하고 말았습니다. 이분이 다니는 회사에 교회 다니는 사람을 아주 싫어하는 상사가 한 명 있는데, 그 상사에게 눈치가 보여서 예수 믿는 사람이 아닌 것처럼 하고 다닌다는 것입니다. 나는 다른 사람들이 어째서 그를 그토록 믿음이 좋다고 칭찬하는지 이해할 수 없었습니다. 심방을 마치고 돌아오는 길에 동행했던 분들에게 그 집사님이 어째서 믿음이 좋다고 생각하느냐고 조심스럽게 물어보았습니다. 그러자 모든 예배에 빠진 적이 없다, 술 담배도 하지 않는다, 십일조 생활을 한다, 항상 겸손하다, 교사와 찬양대 등 활동과 봉사에 열심이라는 칭찬이 줄을 이었습니다.

나는 그 말을 들으며 깨달았습니다. 그 집사님은 믿음이 좋은 것이 아니라 착하고 성실한 사람이라는 것을. 그는 교회 예배에만 빠지지 않는 게 아니라 학창 시절에 결석 한 번 한 적 없는 모범생이었습니다. 십일조 헌금만 잘 내는 것이 아니라 초등학교 동창회비도 떼먹은 적이 없습니다. 교인들하고만 잘 지내는 것이 아니라 지금까지 살면서 어느 누구와도 척을 지거나 언성을 높여가며 싸워본 적이 없는 사람이었습니다. 그는 천성적으로 착하고 성실하고 겸손한 사람입니다. 그런데 주변 사람들이 그의 이런 본디 착한 성격을 믿음과 동일시했던 것입니다.

믿음이 있는가?

나는 목사의 아들로 태어나 목사가 되었고, 나는 어려서부터 나를 믿는 사람이라고 생각했습니다. 하나님을 믿고 예수님을 믿고 천국도 믿었습니다. 나도 꽤나 착하다는 소리를 들었습니다. 어릴 때부터 선생님이나 부모님이 하지 말라는 것은 안 하고 하라는 것만 열심히 하며 성실하게 살았습니다.

사실 나는 착하면 하나님께서 크게 쓰시는 줄 알았습니다. 그런데 하나님의 생각은 나의 생각과 매우 달랐습니다. 하나님의 일꾼으로 능력 있는 사역을 펼치는 목회자만 보더라도 그다지 착하지도 않고 심지어 성질이 괴팍한 분들이 의외로 많았습니다. 하나님은 어떻게 저런 분에게 능력을 주시고 저런 사람을 통해 역사를 일으키시는지 의구심을 가진 적도 있습니다.

그런데 이제는 압니다. 하나님은 착한 사람을 쓰시는 것이 아닙니다. 하나님이 보시는 기준은 착한 데 있지 않습니다. 물론 착하고 성실하게 사는 것이 마땅합니다. 그러나 그것보다 훨씬 더 중요한 기준이 있습니다. 그것은 하나님을 향한 믿음이 있는가 하는 것입니다. 하나님께서 크게 들어 쓰시는 목회자들을 옆에서 지켜보면 때로는 자질상의 흠결도 보이고 간담이 내려앉을 만큼 놀라는 순간도 경험합니다. 하지만 결국에는 그분들의 믿음이 남다르다는 사실을 발견하게 됩니다.

사람이 착하고 성실해도 믿음이 없을 수 있습니다. 착한 성품이 곧 신실한 믿음을 뜻하는 것은 아닙니다. 믿음에 대하여 물으려면, 성경과 교리 지식을 듣고 아는지 물을 것이 아니라 그래서 두려움이 없어졌는지, 염려가 없어졌는지 물어야 합니다. 많은 그리스도인들이 믿음으로 살지 않고 있습니다. 염려하며 삽니다. 믿음으로 사는 것을 오히려 이상하게 여깁니다.

절대 못 맡기는 믿음

안타까운 일이지만 성실히 교회에 나오는 많은 사람들 중에도 믿음이 없는 경우가 많습니다. '교회에 다니는 것'과 '믿음으로 사는 것'은 분명히 다릅니다. 어떤 사람이 믿음으로 사는지 아닌지 알 수 있는 기준이 있습니다. 바로 염려에 대처하는 태도를 보는 것입니다. '믿음'의 반대말은 '불신'이 아니라 '염려와 근심'입니다.

우리는 다 염려를 주께 맡기고 싶어 합니다. 하지만 염려하지 않으려고 아무리 애를 써도 염려하지 않는 것이 결코 쉽지 않습니다. 염려는 노력해서 없어지는 것이 아닙니다. 그 염려보다 더 큰 것을 믿게 될 때 사라지는 것입니다. 따라서 하나님을 전적으로 믿지 못하면 염려는 사라지지 않습니다.

한번은 제자훈련을 하면서 염려하지 않는 삶을 사는 숙제를 내준 적이 있습니다. 베드로전서 5장 7절의 "너희 염려를 다 주께 맡겨버리라"라는 말씀을 붙잡고 한 주 동안 염려하지 않고 살아본 후 간증문을 써서 발표하는 것입니다. 나는 얼마나 놀라운 간증들을 듣게 될지 기대하며 한 분을 지목했습니다.

그런데 그 집사님이 간증문을 안 써왔다고 하면서 지난 한 주 동안 얼마나 힘이 들었는지 직접 간증하기 시작했습니다. 그 집사님은 지난 한 주 동안 염려를 주께 맡기느라 정말 힘이 들었다고 고백했습니다. 숙제를 하다보니 그동안 자신이 얼마나 많은 염려와 근심에 싸여 살아왔는지 알게 되었다고 합니다.

가장 염려스러운 것은 남편이었는데, 벌이는 일마다 실패했기 때문에 남편이 무슨 일을 시작해보려고 하기만 하면 무조건 걱정부터 앞섰다고 합니다. 공교롭게도 그 주간에 남편이 다시 새로운 일을 시작하겠다고 해서 그 염려를 주께 맡긴다고 애는 써보았지만 막상 염려가 되는데 염려하지 말라고 하니 더 어려웠다고 당시 심정을 토로했습니다. 아이들은 또 얼마나 걱정이 되던지, TV를 보거나 컴퓨터 게임을 하거나 잠만 자고 공부를 전혀 안 해도 염려할 수 없고 야단도 치지 못했다면서, 자신은 염려 체질이니 차라리 마음껏 염려하는 것이 속이 편하겠다고 했습니다.

염려하지 않고 산다는 것이 그토록 힘들고 고통스러운 일일까요? 모든 염려를 주께 맡기는 삶을 경험해보고자 했던 의도와 어긋났지만 그리스도인이라는 우리 마음에 얼마나 많은 염려와 걱정과 근심이 차 있는지 확인한 시간이 되었습니다.

돈을 믿는 믿음?

우리에게는 참 걱정거리가 많습니다. 돈 문제, 자녀 문제, 건강 문제 등으로 골머리를 앓고 있습니다. 염려를 모두 주께 맡겨 버리라고 하지만 솔직히 염려의 실체가 잡히지도 않고 또 그것을 어떻게 맡겨야 하는 건지 도무지 감이 안 잡힙니다.

그런데 도통 안 맡겨질 것 같은 염려도 돈에 얼마나 잘 맡기는지 모릅니다. 갑자기 천만 원이 생겼다고 가정해보십시오. 그러면 천만 원에 해당하는 만큼의 염려가 싹 맡겨집니다. 자녀 대학등록금, 이번 달 생활비 걱정도 천만 원이 생기는 순간, 어디 다른 데 맡기고 말고 할 것도 없이 사라져버립니다. 그런데 이것도 믿음의 역사입니다. 그만큼 우리가 돈의 능력을 믿기 때문입니다. 천만 원이 있으면 천만 원만큼의 염려는 하지 않는 것입니다. 만약 통장에 언제든지 마음대로 꺼내 쓸 수 있는 거액이 들어 있다면 아마 웬만한 일에 대한 염려가 사라질 것입니다.

교회에서 재정이 어떻게 운영되는지 보면 하나님을 믿는 교회인지 돈을 믿는 교회인지 헷갈릴 때가 많습니다. 어떤 행사를 하느냐 안 하느냐를 결정할 때 하나님께 묻는 것이 아니라 회계에게 예산이 있는지 묻습니다. 하나님께서 허락하시는 것이 아니라 돈이 행사 여부를 허락하는 것입니다.

우리가 하나님을 믿는다고 하지만 사실은 돈을 믿고 사는 것은 아닙니까? 그러면 하나님을 돈으로 환산해보는 것은 어떻습니까? 과연 얼마가 나오겠습니까? 감히 계산할 수 없습니다. 그런 하나님께서 우리 아버지가 되시며 항상 나와 함께하십니다. 나를 정말 사랑하시며 복 주시는 분입니다. 이렇게 고백하면서도 돈 십만 원, 백만 원어치의 걱정거리조차 내려놓지 못하고 살아간다면 과연 이것이 정말 하나님을 믿고 있는 것일까요?

믿음으로 사는 사람

믿음으로 산다는 말은 얼마나 놀라운 축복인지 모릅니다. 어려서부터 죽을 때까지 노력하고 또 노력하면서 살지만 행복하게 사는 사람은 정말 드뭅니다. 그러나 믿음으로 사는 사람은 몸부림치며 살지 않고 행복하게 삽니다. 믿음을 가진 사람이라면 삶이 쉬워야 합니다. 그것이 정상입니다.

주님 가시는 곳에 나도 가고 주님 머무신 곳에 나도 머무는 것입니다. 먹여주시면 먹고 재워주시면 자는 것입니다. 믿음으로 사는 사람은 오직 찬양할 뿐입니다. 역대하 20장에서 여호사밧 왕이 아람과 전쟁할 때 군대 맨 앞에 찬양대를 세웠듯이 여러 어려운 문제를 만나도 찬양하며 나아가는 것입니다. 우리가 할 일은 언제나 감사와 찬양뿐입니다. 그러니 믿음으로 사는 것이 얼마나 쉬운 일입니까?

우리는 노력이 아닌 은혜로, 믿음으로 구원 받았습니다. 그러나 구원만 믿음으로 받는 것이 아닙니다. 하나님의 모든 은혜와 축복을 믿음으로 받습니다. 안타까운 것은 구원은 믿음으로 받고 그 후에 승리와 거룩함과 축복은 노력해서 받는다고 착각하는 그리스도인들이 많다는 것입니다. 아닙니다. 우리 삶의 승리, 거룩함, 축복도 모두 믿음으로 취하는 것입니다.

정말 구원 받은 이후의 모든 축복을 믿음으로 받을 수 있을까요? 그렇습니다. 정말 그렇습니다.

붙어 있어라

중국 선교사였던 허드슨 테일러(Hudson Taylor)는 1869년 좌절과 낙심으로 선교지 중국에서 쓰러졌습니다. 몸도 지쳤지만 자신이 온전히 하나님이 기뻐하시는 삶을 살지 못한다는 자책감 때문이었습니다.

그는 선교사로서 거룩한 사람이 되려고 애를 썼습니다. 그러나 거룩한 삶을 추구하고 애쓸수록 더욱 거룩하지 못한 자신을 보게 될 뿐이었습니다. 그는 한순간도 예수님으로부터 시선을 떼지 않겠다고 결심했습니다. 그러나 그 중압감 때문에 오히려 너무 신경이 예민해져서 주위 사람들에게 더 자주 화를 냈고 말도 거칠게 하는 자신을 보고 당황했습니다. 기도하고 금식하고 열심히 하나님의 말씀을 읽고, 묵상의 시간을 더 많이 가졌지만 아무 소용이 없었습니다. 그는 믿으려고 애썼지만 믿어지지 않았습니다.

그러자 좌절감이 들었습니다. 자신이 그렇게 살지 못하면서 어떻게 "예수님을 믿으면 하나님의 자녀가 되는 권능을 주신다"라고 선포할 수 있겠습니까? 결국 쓰러질 수밖에 없었던 것입니다.

그때 친구 멕카디(McCarthy) 선교사로부터 편지가 왔습니다. 그 편지에 이런 내용이 있었습니다.

"어떻게 믿음을 강하게 할 수 있는가? 그것은 믿음을 구하려고 애쓰는 것이 아니라 그저 신실하신 분, 예수님을 의지하는 것이다."

그 문장이 허드슨 테일러에게 빛으로 다가왔습니다. 그 순간 예수님의 말씀이 생각났습니다.

> 나는 포도나무요 너희는 가지니 저가 내 안에, 내가 저 안에 있으면 이 사람은 과실을 많이 맺나니 나를 떠나서는 너희가 아무것도 할 수 없음이라 (요 15:5)

허드슨 테일러는 이 말씀을 통해 예수님께서 "결코 너를 떠나지 아니하리라"라고 하시는 말씀을 들었습니다. 그 순간 예수님께서 결코 자신을 떠나지 않으시리라는 사실뿐만 아니라 예수님과 자신이 한 몸과 살과 뼈의 한 지체라는 사실을 깨달았습니다.

"예수님께서는 변함없이 신실하시다. 오, 거기에 안식이 있구나! 그동안 예수님 안에서 안식하기 위해 헛되이 애써왔구나. 이제 결코 더 이상 애쓰지 않겠다. 예수님께서 나와 함께 거하시겠다고, 결코 나를 떠나지 않으시고 나를 버리지 않으시겠다고 약속하셨기 때문이다. 그것이면 충분했다."

허드슨 테일러는 그 후 더 이상 염려하지 않기로 했습니다. 자신이 어느 곳에서 어떻게 지내더라도 두려워하지 않았습니다. 언제나 그리스도와 함께 죽었고 장사되었으며 또한 부활했다고 믿었기 때문입니다. 이 순간 중국 대륙의 복음의 씨앗이 된 허드슨 테일러 선교사가 태어난 것입니다.

예수를 바라보라

믿음을 주시는 분은 예수님이십니다. 우리 능력으로 할 수 없습니다. 우리가 할 일은 예수님을 믿는 것뿐입니다. 예수님을 믿는다는 것은 포도나무의 가지가 포도나무 줄기에 붙어 있듯이 예수님에게 붙어 있는 것입니다. 히브리서 12장에서는 이를 가리켜 "예수님을 바라보는 것"이라고 했습니다.

> 믿음의 주(主)요 또 온전케 하시는 이인 예수를 바라보자 저는 그 앞에 있는 즐거움을 위하여 십자가를 참으사 부끄러움을 개의치 아니하시더니 하나님 보좌 우편에 앉으셨느니라
>
> (히 12:2)

많은 그리스도인들이 믿음을 갖고 싶지만 믿음이 생기지 않는다고 말합니다. 그것은 믿음을 가지고 싶어 하면서도 이미 자신 안에 오신 예수님을 바라보지 않기 때문입니다. 그렇습니다. 예수님을 바라보면 믿음이 생깁니다. 우리를 변화시키고 거룩한 삶을 살게 하시고 승리하게 하시는 분이 예수님이시기 때문입니다. 예수님은 우리 안에서 믿음을 일으키시고 믿음을 완성시키시는 분입니다.

구원 받은 자는 예수님과 함께 죽고 예수님으로 사는 사람입니다.

> 그러므로 우리가 그의 죽으심과 합하여 세례를 받음으로 그와 함께 장사되었나니 이는 아버지의 영광으로 말미암아 그리스도를 죽은 자 가운데서 살리심과 같이 우리로 또한 새 생명 가운데서 행하게 하려 함이니라 우리가 알거니와 우리 옛 사람이 예수와 함께 십자가에 못 박힌 것은 죄의 몸이 멸하여 다시는 우리가 죄에게 종노릇하지 아니하려 함이니 (롬 6:4,6)

> 내가 그리스도와 함께 십자가에 못 박혔나니 그런즉 이제는 내가 산 것이 아니요 오직 내 안에 그리스도께서 사신 것이라

이제 내가 육체 가운데 사는 것은 나를 사랑하사 나를 위하여 자기 몸을 버리신 하나님의 아들을 믿는 믿음 안에서 사는 것이라 (갈 2:20)

믿음은 십자가의 복음을 그대로 받아들이는 것입니다.

이와 같이 너희도 너희 자신을 죄에 대하여는 죽은 자요 그리스도 예수 안에서 하나님을 대하여는 산 자로 여길지어다 (롬 6:11)

그렇습니다. "나는 이미 예수님과 함께 죽었고 지금은 예수님의 생명으로 산다"라고 고백하는 것이 믿음입니다.

임마누엘의 믿음

2007년 여름에 있었던 일입니다. 선교지에서 선교 훈련 중이던 순회선교단 김용의 선교사의 딸에게 위급 상황이 벌어졌습니다. 고국으로 후송하여 치료를 받아야 한다는 결론이 났는데 문제는 20여 시간의 비행을 포함한 장거리 여행을 감당할 수 있느냐 하는 것이었습니다. 대부분 만류했습니다. 그러나 현지에 그저 둘

수도 없었기 때문에 주님만 신뢰하고 떠나기로 결정했다고 합니다. 떠나는 날 아침, 김 선교사는 아버지로서 너무나 두려운 마음이 들었지만, 기도하던 중 갑자기 주님이 주시는 마음이 있어서 이렇게 기록했다고 합니다.

"아빠 손잡고 떠나는 여행, 위험하지만 행복한 여행, 주님과 함께 가는 여행, 안전하고 아름다운 여행…."

그는 딸의 손을 잡고 이 고백을 들려주었다고 합니다. 아버지이지만 아무것도 해줄 수 없는 부족함, 위험한 여행이지만 그 순간에도 함께하시는 주님을 부르는 순간, 가장 안전하고 아름다운 동행이 있음을 알게 하신 것입니다. 임마누엘이신 예수님! 이것이 믿음입니다.

어떤 사람은 "목사님이야 하나님을 믿을 수 있겠지요! 모든 형편이 그만하면 괜찮고 목회도 그만하면 성공했다고 할 수 있으니 하나님의 은혜, 하나님의 사랑이라고 할 만하겠지요!"라고 말할는지 모릅니다. 하지만 그렇지 않습니다. 처지가 괜찮아서 하나님의 사랑을 믿는 것이 아니라 하나님의 사랑을 믿었기에 이 정도가 된 것입니다.

나 역시 '이것도 하나님의 사랑인가?' 할 정도로 믿음이 휘청할 순간이 있었습니다. 사람들은 목사는 언제나 믿음 충만하다고 여기지만 목사에게도 지칠 때, 낙심하고 좌절할 때가 많습니다. 마귀는 목사인 나를 넘어뜨리려고 오히려 더 강하게 역사했습니다. 어려운 시련으로, 나쁜 생각으로, 거듭나지 못한 성품으로, 세상 유혹으로 역사했습니다.

그러나 감사한 것은 믿음을 회복하는 법을 알았다는 것입니다. 그것은 십자가 복음입니다. 내가 예수님과 함께 죽고 예수님과 함께 살게 되었다는 것입니다. 예수님이 지금 내 안에 계시다는 것입니다.

낙심할 때마다 나는 이렇게 되뇝니다.

"예수님, 저는 예수님과 함께 죽었습니다. 예수님께서 제 생명이시고 제 주님이십니다."

주님은 그때마다 두려움이 없어지고 염려가 떠나가고 다시 시작할 새 힘을 주셨습니다. 때로 앞이 보이지 않는 길을 믿음만 가지고 묵묵히 걷기도 했습니다. 그렇게 지금까지 걸어왔습니다.

믿음으로 살아가는 길

복음에는 하나님의 의(義)가 나타나서 믿음으로 믿음에 이르게 하나니 기록된 바 오직 의인은 믿음으로 말미암아 살리라

함과 같으니라 (롬 1:17)

그렇다면 믿음으로 살아가려면 우리는 어떻게 해야 합니까?

첫째, 먼저 그동안 믿는다고 하면서 실제로는 믿음으로 살지 못한 것을 회개해야 합니다.

예수님께서는 십자가의 고난을 통하여 우리의 죄 문제, 저주 문제, 고난의 문제를 다 해결해주셨는데 여전히 낙심하고 좌절하고 두려워한다면 예수님의 마음이 얼마나 아프시겠습니까?

어느 교우가 고3인 아들을 새벽에 깨워놓고 새벽기도회에 나와 아들을 위하여 간절히 기도했습니다. 그런데 새벽기도회를 마치고 집에 들어가 보니 아들이 여태 이불 속에서 자고 있는 것이 아닙니까? 얼마나 화가 나던지 이불을 걷어치우면서 냅다 소리를 질렀다고 합니다.

"이놈아! 너는 어째서 그 모양이냐? 어미는 교회에 가서 그렇게 간절히 기도하고 왔는데 정작 네가 자고 있으면 되겠니? 넌 안 돼. 안돼."

이 교우의 심정은 이해하지만 그 기도는 믿음의 기도가 아니라 단지 소원일 뿐입니다.

어느 개척교회 부흥회를 인도했을 때의 일입니다. 부흥회 마지막 날 새벽에 누군가 예금통장을 헌금으로 바쳤습니다. 지금까지 많은 부흥회를 인도하며 헌금기도를 했지만 통장이 올라온 경우는 처음이었습니다. 도장과 통장을 보니 그것은 다름 아닌 그 교회 담임목사의 통장이었습니다. 통장에는 천만 원이 넘는 큰 돈이 들어 있었습니다. 차량 할부금과 건물 월세도 제대로 못 내서 제때 월세 내는 것이 기도제목이라는 그 어려운 개척교회 목사의 통장입니다.

예배를 마치고 난 뒤 그 목사가 성도들 앞에서 고백하기 시작했습니다.

"성도 여러분, 제가 회개합니다. 사실은 그동안 어려운 일을 너무 많이 겪어서 돈이 있어야겠다는 생각이 들었습니다. 그래서 제 아내도 모르게 악착같이 돈을 모으고 모아 천여 만 원을 만들었습니다. 가족에게 큰일이라도 생기면 이 돈으로 수습해야 한다고 생각했기 때문에 어려운 교회 형편을 잘 알면서도 이 돈을 내놓지 못했습니다. 이번 부흥회를 통해 내가 하나님보다 돈을 의지하는 마음이 있었음을 깨달았습니다. 그것을 회개하고 이 물질을 교회 빚을 갚는 데 내어놓겠습니다. 이제는 돈 천만 원 믿으며 살지 않고 하나님을 믿으며 살겠습니다."

그 목사는 펑펑 울었습니다. 사모도 교인들도 모두 다 울었습니다. 부흥회가 끝나고 그 교회가 달라졌습니다. 목사님의 헌신을 본 교인들 역시 물심양면으로 교회를 위해 헌신하여 어려운 재정 문제가 해결되었습니다.

우리가 믿음으로 살지 못하고 믿음으로 행동하지 못하기 때문에, 그런 우리 눈에는 하나님도 능력 없는 분으로 보이는 것입니다. 우리 안에 믿음으로 행하지 못한 일들이 있다면 우리는 이것을 하나님 앞에 철저히 회개해야 합니다.

둘째, 믿음으로 살려면 하나님의 말씀을 많이 읽어야 합니다.
우리에게 왜 믿음이 없습니까? 어려서부터 믿음을 잃어버리는 메시지를 들었기 때문입니다. "넌 안돼. 넌 못해. 이 못난 놈아. 바보 같은 자식! 그것밖에 못하니? 넌 왜 만날 그 타령이냐? 죽어라 죽어! 넌 왜 저 아이처럼 못하니?" 등등 좌절시키는 말, 낙심케 하는 말, 놀리는 말, 비웃는 말, 모욕적인 말 등은 우리 마음에서 믿음을 빼앗아갑니다.

우리의 믿음이 병들었다면 우리는 믿음을 회복시키는 메시지에 귀를 기울여야 합니다.

믿음은 들음에서 나며 들음은 그리스도의 말씀으로 말미암느니라 (롬 10:17)

민음은 주님으로부터 오는데 말씀을 통해 주어집니다. 감정과 기분에 따라 그 위에 민음을 세우면 큰일 납니다. "왠지 기분이…"라는 느낌에 속지 마십시오. 애굽에 노예로 팔려간 요셉이 기분에 따라 처신했다면 어땠을까요? 죽임을 당할 위기에 처한 다니엘이 감정대로 행동했다면 믿음을 지켜낼 수 있었을까요? 제대로 된 믿음은 오직 하나님의 말씀에 그 뿌리를 내려야만 가질 수 있습니다. 말씀을 읽고 말씀을 듣지 않는다면 믿음이 올바로 자라지 않습니다. 우리는 아무것이나 무턱대고 믿는 것이 아닙니다. 하나님께서 우리에게 약속하신 말씀을 믿는 것입니다.

감리교회가 자랑하는 유명한 선교사 중에 스탠리 존스(Stanley Jones)라는 분이 있습니다. 그는 생애의 대부분을 인도에서 선교활동을 하며 보냈는데 89세에 현지에서 중풍으로 걷지 못하게 되었습니다. 본국으로 돌아와 입원해 있는 5개월간 그는 자신이 깨어 있는 것을 볼 때마다 밤낮으로 이렇게 말해달라고 간호사에게 부탁했습니다.

"내게 '나사렛 예수의 이름으로 일어나 걸어라' 라고 말해주겠어요?"

그는 날마다 "일어나라"라는 주님의 말씀을 듣고 싶었습니다. 처음에는 어색하기도 했지만 간호사들도 매일 병실을 드나들면서 큰 소리로 외쳤습니다.

"나사렛 예수의 이름으로 명하노니 일어나 걸어라!"

결국 그는 자리를 털고 일어나 걸었고 다시 선교여행을 떠났다고 합니다. 그는 《디바인 예스》(The Divine Yes)라는 책을 썼습니다. 하나님의 말씀에 늘 "예"라고 대답한 것입니다. 이것이 그의 믿음이었습니다. 믿음은 내게 말씀이 들려올 때 그 말씀에 대해 내 마음에서부터 일어나는 반응입니다. 따라서 믿음의 사람이 되고 싶다면 하나님의 말씀을 많이 읽고, 많이 듣고, 많이 배워야 합니다.

리처드 범브란트(Richard Wurmbrand) 목사는 1948년 루마니아 비밀경찰에 의해 투옥되어 20년 가까이 수감생활을 하면서 신앙을 버리게 하려는 공산당국에 의해 엄청난 고문과 핍박을 받았습니다. 그가 옥에 갇힌 지 수년 동안 일절 면회조차 허락되지 않았는데, 한번은 가족 면회를 허락하겠으니 집에다 엽서를 보내라는 방송이 흘러나왔습니다.

면회 당일이 되어 면도도 하고 새로 나온 내복도 입고 마음이 들떴지만, 범브란트 목사에게는 아무도 면회를 오지 않았습니다. 자신의 엽서가 아내의 손에 들어가지도 못한 사실을 미처 알지 못한 그가 혼자 남아 있는 동안, "아무도 너를 사랑하지 않는다. 이제는 아무도 너를 사랑하지 않는다"라는 말이 방송으로 흘러나왔습니다. 그는 끝내 흐느끼며 울었습니다.

'몇 년 동안 아내와 아이들을 한 번도 보지 못했는데, 이 날은 만날 수 있을 거라고 아이처럼 들떴는데, 아무도 나를 찾아오지 않다니! 그들은 이제 더 이상 내게 관심이 없다.'

다음 날 동료들이 너도나도 아내와 가족을 만난 이야기를 했습니다. 그러면서 자신을 비웃었습니다. 입에 담을 수 없는 말도 했습니다. 그때 다시 방송이 나왔습니다.

"하나님은 죽었다. 하나님은 안 계신다."

그는 이제 그 말이 믿어지기 시작하는 것을 느꼈습니다.

'내가 지난 몇 년 동안 어떻게 믿음을 지켰는데, 하나님 이게 뭡니까?'

그런데 그 순간 배교(背敎)의 때가 이를 것이라고 한 성경 말씀이 생각났습니다. 그는 예수님께서 무덤에 계실 때 그 당시 여인들을 생각했습니다.

'그 여인들도 나처럼 이렇게 절망스러웠겠지! 하지만 그들은

울면서도 예수님의 무덤을 떠나지 않았다!'

그 시간 범브란트 목사님은 자신을 하나님께 다 드렸습니다. 이유를 알 수 없는 환난과 혼돈 속에서 자신의 모든 판단까지 하나님께 다 맡겼습니다.

'하나님, 저는 그냥 울기만 하겠습니다. 무덤 곁에서 울던 여인들처럼!'

결국 그는 풀려났습니다. 그리고 루마니아에는 다시 기독교 부흥의 때가 왔습니다.

존 웨슬리는 "나는 한 책의 사람이 되겠다"고 하면서 "성경 한 권으로 모자람 없이 넉넉하다"라고 한 분입니다. 하지만 그에게도 한때 설교를 그만두어야겠다고 생각할 만큼 크게 낙심하여 전도사역을 포기할 정도로 내리막길로 치달았던 때가 있었습니다. 1738년 3월 15일의 그의 일기에는 다음과 같은 내용이 적혀 있습니다.

"갑자기 내 마음에 떠오른 것이 있었다. 그것은 설교를 그만두어야겠다는 것이었다. 믿음을 갖지 못한 자가 어떻게 남에게 믿음에 관한 설교를 할 수 있단 말인가? 그래서 설교를 그만두어야 할 것인가 말 것인가에 대해 베라에게 어떻게 생각하느냐고 물었다. 그러자 그는 절대로 설교 사역을 그만두어서는 안 된다고 대답했다. 그래서 나는 믿음이 없는 내가 어떻게 믿음에 대해 설교할 수 있겠느냐며 만약 설교를 계속해야 한다면 무엇에 대한 설교를 해야 좋겠느냐고 물었다. 그랬더니 그가 이렇게 대답했다. '믿음을 갖게 되기까지 믿음에 대해 설교하세요. 그리고 하나님이 믿음을 주셔서 믿음을 갖게 되거든 그 믿음으로 믿음에 대해 설교하세요.'"

존 웨슬리는 설교 사역을 그만두겠다는 생각까지 했지만 베라를 통해 포기하려던 마음을 접고 베라의 권고를 하나님이 자신에게 주신 말씀으로 받아들인 후 더욱 열심히 믿음에 대해 설교했습니다. 마침내 존 웨슬리는 그의 영적인 열망을 보신 하나님께 담대한 믿음을 선물 받았습니다.

셋째, 믿음으로 살려면 믿음으로 사는 훈련도 받아야 합니다.

청년들이 오직 하나님께서 먹여주고 재워주실 것을 믿고 거지 순례 전도를 떠났습니다. 그들이 돌아오는 날, 청년들을 맞이하는데 하나님께서 '너도 거지 순례 전도하는 정신으로 살아야 한다!'라는 마음을 주셨습니다.

나의 작은 외할아버지이신 황용석 장로님은 경북 점촌에서 1954년 전쟁고아 10여 명을 거두어 돌보는 것을 시작으로 500여

명의 고아들을 돌보고 사회에 진출시킨 '문경 고아의 아버지'라 불리는 분입니다. 장로님께서 평생 운영하신 신망애육원에서 있었던 그의 장례식에는 전국 각지에서 보내온 화환으로 가득 찼습니다. 빈소에 들어가다보니 장례식장에는 어울리지 않는 글귀가 벽에 걸려 있었습니다.

"오늘도 참 좋은 날이 될 줄 믿습니다."

이 글은 장로님의 평생의 좌우명이었고 고아들에게 가르친 교훈이었습니다. 예수 그리스도 안에서 삶의 기적을 믿으신 것입니다.

생전에 뵙지 못한 장인어른은 온 가족들과 교우들의 기도에도 불구하고 간암이라는 진단을 받은 지 2개월 만에 돌아가셨습니다. 그 후 처가 식구들은 가장을 잃은 어려움을 겪으며 살게 되었습니다. 아내가 이런 고백을 한 적이 있습니다.

"아버지의 죽음을 통해 하나님은 하나님만이 아버지이시고, 하나님이 모든 재정의 공급자이심을 알게 하셨습니다. 아버지의 치유를 위해 기도했지만 하나님이 생명의 주관자이심을 알게 하셨습니다. 내가 희생하고 기도한 것 같았지만 나의 위기 때에 그 기도를 고스란히 돌려받게 하셨습니다. 하나님은 실패처럼 보이는 기도, 오랫동안 응답을 미루시는 것 같은 기도를 통해서 제 기도와 믿음의 역량을 넓혀주셨습니다."

넷째, 믿음은 성령의 가장 큰 역사입니다. 그러므로 믿음으로 살려면 성령 충만을 받아야 합니다.

하나님의 능력의 사람 스미스 위글스워스(Smith Wigglesworth)는 8살 때 할머니와 어느 집회에 참석하게 되어, 바로 그곳에서 예수님을 구주로 영접했고 "믿기만 하라(only believe)"는 말씀을 받았습니다. 이 말씀은 위글스워스가 평생 붙잡고 살아간 말씀입니다. 그의 생애를 통해 수많은 사람들이 구원 받고, 병 고침을 받았습니다.

그는 오직 예수님만 바라보는 눈을 가진 사람이었습니다. 오직 "믿음의 창시자요 완성케 하시는 이인 예수"를 바라보았습니다. 주님의 임재 안에 깊이 거하며 그분과 끝없이 이어진 교제가 그의 믿음이었습니다. 항상 성령님의 인도하심에 민감했고 그분이 인도하시는 대로 순종했습니다. 다른 이들로부터 맹목적인 믿음이라는 심한 비판을 받기도 했지만 항상 하나님 말씀대로만 순종하며 살았기에 나중에는 비판하던 사람들까지 그를 이해하게 되었습니다.

그에게는 성경 외에 그 어떤 것도 없었습니다. 그는 주변에 누가 있든지 상관없이 하나님의 말씀을 읽었다고 합니다. 말씀을 읽지 않고 15분 이상 보낸 적이 없고 식사할 때에도 말씀을 보고 그다음 이동 장소로 갔다고 합니다. 어떤 사람이 신유에 대한 좋은 책 한 권을 추천해달라고 하자 "성경이 무엇이 부족합니까?"라고 되물었다고 합니다.

누군가 그에게 얼마나 오래 기도하는지 물었을 때, 그는 "한 번 기도할 때 30분 이상 기도한 적은 없습니다. 그러나 기도하지 않고 30분 이상 가본 적도 없습니다"라고 말했습니다.

위글스워스가 놀라운 권능을 행할 수 있었던 것은 믿음(히 11:6), 사랑(고전 13:1,2) 그리고 온전한 헌신 때문이었습니다.

성령 충만은 매순간 성령님께 반응하며 사는 것입니다.

성결교단의 유명한 부흥사였던 이성봉 목사님은 늘 왼손 주먹을 쥐고 다녔다고 합니다. 주위 사람들이 왜 그렇게 하는지 물으면 이 목사님은 으레 이렇게 대답했다고 합니다.

"주님의 손을 잡고 가는 거야!"

그렇습니다. 이 목사님은 믿음으로 하나님을 시각화했습니다. 우리는 예수님 안에서 염려하지 않고 사는 복을 받았습니다. 우리는 구원의 문제를 더 이상 염려하지 않습니다. 승리의 문제를 염려하지 않습니다. 축복의 문제를 염려하지 않습니다. 할렐루야!

오직 순종하며 감사할 뿐입니다. 예수님께서 십자가에서 "다 이루셨다"라고 선언하셨기 때문입니다.

> 믿음이 없이는 기쁘시게 못하나니 하나님께 나아가는 자는 반드시 그가 계신 것과 또한 그가 자기를 찾는 자들에게 상 주시는 이심을 믿어야 할지니라 (히 11:6)

chapter 06

하늘 보화를 발견한 사람은 천국 소망에 눈뜬다

천국은 마치 밭에 감추인 보화와 같으니 사람이 이를 발견한 후 숨겨 두고 기뻐하여 돌아가서 자기의 소유를 다 팔아 그 밭을 샀느니라 (마 13:44)

노란 고무신

1950년대 초반 강원도 어느 깊은 산골에 상수라는 아이가 살았습니다. 어느 날 상수는 큰아버지로부터 노란 고무신 한 켤레를 선물 받았습니다. 난생 처음 받아본 새 고무신이 너무 아까웠던 상수는 그 신발을 신지 않고 손에 들고 다녔습니다. 어느 날 상수는 개울에서 노란 고무신을 씻다가 그만 한 짝을 놓치고 말았습니다. 고무신은 물살을 타고 떠내려가기 시작했습니다. 상수는 고무신을 건지려고 무작정 개울을 따라 내려가기 시작했습니다. 고무신은 계속해서 떠내려갔고 큰 강에 이르렀습니다. 얼마나 오랫동안 고무신을 따라갔는지 상수는 결국 길을 잃고 다시는 집으로 돌아갈 수가 없었습니다.

어처구니없이 졸지에 고아 아닌 고아가 된 상수는 온갖 고생을 하며 한 많은 세월을 살았습니다. 어느덧 세월이 흘러 초로의 노인이 된 상수는 TV 이산가족 찾기 프로그램에 나와 굵은 눈물을 흘리며 그때의 상황을 이야기했습니다. 마침 그 시간에 그의 형님이 그 프로그램을 시청하다가 동생을 알아보고 방송국에 연락했고 그렇게 해서 다시 가족과 만나게 되었지만, 어머니는 이미 자기를 잃어버리고 난 뒤 얼마 안 되어 돌아가셨고, 늙으신 아버지는 오래 전부터 치매를 앓아 50여 년 만에 다시 만난 자식을 알아보지도 못했습니다. 할아버지가 된 상수는 아무 말도 하지 못하고 하염없이 눈물만 흘렸습니다.

나는 그 프로그램을 보면서 우리 인생도 저럴 수 있다는 생각을 해보았습니다. 많은 사람들이 노란 고무신처럼 별것 아닌 것을 붙잡으려고 내달리다가 정말 소중한 것을 잃어버리고 살아갑니다. 이 세상에는 허탄한 일에 열심을 내는 사람들이 너무 많습니다. 그러나 그들은 삶이 끝날 때, 죽음 앞에 섰을 때에야 비로소 여태까지 좇은 노란 고무신 한 짝 때문에 더 소중한 것을 잃어버렸다는 사실을 알게 되는 것입니다.

사람들은 인생에서 소중한 것이 무엇인지 안다고 생각하지만 실제로 많은 사람들이 그렇지 못합니다. 사람들은 인생에서 가장 소중한 것으로 돈, 명예, 권력, 건강, 일 등을 꼽습니다. 그러나 그런 것들은 우리 삶에 필요한 것일 뿐 절대적인 것이 되지 못합니다. 우리가 정말 소중하고 절대적인 것을 알게 되는 순간은 언제나 죽음 앞에서입니다. 그리고 그 순간에 떠오르는 것이야말로 우리가 그동안 마땅히 소망해왔던 것이어야 합니다.

마지막 설교

마산의 어느 교회 목사가 부목사로 섬긴 지 5년이 되어 담임목회를 나가기 위해 기도하고 있었습니다. 그러던 어느 날 손등에 난 부스럼을 발견하고 병원에 갔다가 피부암 판정을 받았습니다. 그래서 담임목회는커녕 부목사직마저 내려놓고 항암치료를 받게 되었습니다.

그러던 어느 날, 충북 음성에 있는 한 교회로부터 주일예배 설교를 해달라는 요청을 받았습니다. 그 교회를 담임하던 목사가 미국으로 유학을 떠나면서 친구인 이분을 후임자로 추천한 것입니다. 그 교회 교인들은 담임목사가 추천한 목사를 잔뜩 기대했는데, 막상 주일에 교회에 나타난 목사의 모습을 보고 크게 실망했습니다. 머리칼은 다 빠지고 앙상하게 뼈만 남은 초라한 몰골의 환자가 나타났기 때문입니다.

그날 이 목사가 주일 설교를 마치고 돌아간 뒤 교회에서는 담임목사 청빙위원 회의가 다시 소집되었습니다. 그 자리에서 안수집사 한 분이 이 목사님을 담임 교역자로 모시자는 의견을 냈습니다. 다들 깜짝 놀라며 어떻게 암 환자를 담임목사로 모시느냐고 하자 그 집사가 이렇게 말했습니다.

"오늘 예배에서 저는 이전에 경험해보지 못한 은혜를 받았습니다. 이 목사님이 비록 암 환자이고, 이 목사님을 담임목사로 모시고 이런 설교를 한 주밖에 더 듣지 못한다 해도 우리 교회로서는 큰 복이 아닐까 생각합니다."

그 집사의 말처럼 그날 그 교회 성도들은 어느 누구라 할 것 없이 모두 큰 은혜를 받았습니다. 온 교인이 눈물로 회개하며 말씀으로 새로워지는 결단을 했습니다. 결국 그 교회에서 그 분을 담임목사로 모시기로 결정하고 청빙서를 보냈습니다. 청빙서를 받은 목사는 하염없이 울었다고 합니다.

'암 환자인 자신에게 담임목사 청빙서를 보내는 교회가 있다니!'

그러고는 사모와 함께 기도원에 들어가 금식기도를 했습니다. 그들은 그 교회에 갈 생각이 없었습니다. 자신들의 처지를 너무 잘 알았기 때문입니다. 다만 암 환자인 자기를 담임목사로 청빙하겠다는 교인들의 마음이 감사해서 그 교회에 정말 훌륭한 목회자를 보내달라고 기도드리고 싶었습니다. 그런데 그들이 금식하며 기도할 때 하나님께서 큰 은혜를 주셔서 암이 치유되는 역사가 일어났습니다. 결국 이 목사는 자신의 병이 치유된 것을 하나님의 계시로 여기고, 감사하는 마음으로 그 교회의 청빙을 받아들였습니다.

이 이야기를 들으면서 나는 그 목사님의 설교가 도대체 얼마나 은혜로웠기에 모든 교인들이 단 한 번 설교를 듣고 암 환자를 담임목사로 청빙할 마음을 품었을까 궁금해졌습니다. 직접 들어보지 않았기 때문에 그 설교가 어땠는지 알 수는 없지만, 이런 추측은 해볼 수 있었습니다.

그 목사님은 아마 그 날의 설교가 어쩌면 자신의 마지막 설교가 될지도 모른다고 생각했을 것입니다. 만약 그것이 마지막 설교였다면, 그는 목사로서 성도들에게 전해야 할 가장 중요한 내용을 전하고자 애썼을 것입니다. 그 설교에는 그 어떤 인간적인 생각이나 계산 따위가 들어 있지 않았을 것이고 순전한 복음만이 담겼을 것입니다. 바로 그 복음이 교인들을 그토록 감동시키지 않았을까

하는 것입니다.

목사의 설교도 마지막이라고 생각하면 달라집니다. 마지막 설교라고 생각하면 꼭 전해야 할 말씀, 가장 중요한 말씀이 무엇인지 깨닫습니다. 우리는 인생의 마지막에 다다랐을 때 과연 무엇을 깨닫게 될까요?

가장 소중한 것에 눈뜨다

나는 교회에서 제자훈련을 할 때마다 '유언장 작성' 프로그램을 실시합니다. 자신의 죽음을 가정하고 30분 정도 진지하게 유언장을 작성해보는 것입니다. 처음 몇 분간은 다들 숙연한 마음으로 깊은 생각에 잠깁니다. 유언장이란 자신의 삶을 되돌아보지 않고는 쓸 수 없기 때문입니다. 다시 몇 분이 흐르면 여기저기서 훌쩍거리는 소리가 들려오기 시작합니다. 작성이 끝나면 5명씩 조를 나누어 자신이 작성한 유언장을 발표합니다.

사람들이 작성한 유언장의 내용은 거의 같은데, 크게 두 가지로 요약되었습니다. "미안하다"와 "사랑한다"입니다. 자신의 죽음 앞에서 사람들은 무엇보다 가족들에게 잘못한 것을 미안하게 여깁니다. 죽음 앞에 섰을 때 비로소 자신에게 가장 소중한 사람이 누구인지, 그리고 그 소중한 사람을 그간 얼마나 소홀히 대해

왔는지 깨닫게 되는 것입니다. 평소에 안타까워하고 고민하던 문제들은 정작 유언장을 쓸 때에는 전혀 생각나지 않습니다. 이것은 우리가 평소에 중요하지도 않은 문제와 생각에 매여 살았다는 반증입니다.

묘비 뒷면에 적은 비문이나 유족들의 편지를 읽다보면 거기에는 평소 다하지 못한 사랑과 후회, 회한의 눈물이 절절히 묻어납니다. 하나같이 살아 있을 때 깨닫지 못한 소중함과 사랑을 뒤늦게 깨닫고 있는 모습입니다. 죽음이 가까워야 비로소 가장 소중한 것들을 깨닫는다니 이 얼마나 안타까운 일입니까? 따라서 우리는 평소에 죽음을 내다보는 눈을 떠야 합니다. 그래야 나중에 후회하지 않는 삶을 살 수 있습니다. 자기 죽음을 의식하는 사람은 인생의 가장 중요한 것을 놓치지 않는 법입니다.

천국 소망이 분명한가?

그렇다면 우리는 인생을 상실의 길로 인도하는 헛된 노란 고무신 대신 무엇을 붙잡아야 할까요? 그것은 천국에 대한 소망입니다. 이 소망은 노란 고무신 한 짝이 인도한 곳과는 비교할 수 없는 곳으로 우리를 인도합니다.

북아프리카 알제리에서 선교하던 찰스 마쉬 선교사는 현지에서 7명에게 세례를 주었지만 모두 살해되고 말았습니다. 이 선교사는 너무 안타까워서 하나님께 부르짖었습니다.

"그래도 복음을 전해야 합니까?"

그때 하나님께서 주신 응답의 말씀이 요한계시록 14장 13절 말씀이었다고 합니다.

> 주 안에서 죽는 자들은 복이 있도다 (계 14:13)

우리가 예수 그리스도를 믿고 얻게 된 가장 귀한 축복은 '천국을 소유한' 것입니다.

그렇다면 우리는 정말 천국 소망을 가진 자일까요?

나는 어려서부터 천국과 지옥에 대해 배웠고 수없이 설교를 들었기에 천국이 있다는 것과 내가 천국에 갈 것이라는 사실을 믿었습니다. 그래서 나는 천국 소망을 가지고 있다고 생각했습니다.

그런데 어느 날 하나님께서 나의 천국 소망에 대하여 물으셨습니다. 그것은 천국에 갈 것을 믿는 내가 '밭에 감추인 보화를 발견한 농부' 처럼 기쁘냐는 것이었습니다. 남의 밭에 가서 일하던 농부가 그 밭에서 남모르는 보화를 발견하고 모든 재산을 다 팔아 그 밭을 샀을 때의 심정처럼 가슴 뛰고 설레며 기쁘고 만족스러우냐는 것이었습니다.

그때 나는 예수님의 천국 비유에 나오는 농부에 대해서는 알지만 그 기쁨은 소유하고 있지 못하다는 것을 깨달았습니다.

소망에 대하여 머리로만 알았지, 진정한 소망이 없었던 것입니다. 안타깝게도 많은 사람들이 예수님을 영접하고 천국의 보화를 소유했으면서, 자신이 엄청난 보화를 얻었다는 기쁨과 만족은 소유하지 못하고 있습니다. 그리고 더 많은 사람들이 천국의 보화를 알지도 못한 채 이 땅의 것에만 소망을 두고 현재만 바라보고 살아갑니다. 여전히 죽음을 두려워합니다. 아직도 사망 권세에 사로잡혀서 삽니다. 아직 소망의 사람이 되었다고 할 수 없는 것입니다.

예수님은 그런 우리를 놓아주려고 오셨습니다.

> 또 죽기를 무서워하므로 일생에 매여 종노릇하는 모든 자들을
> 놓아주려 하심이니 (히 2:15)

당신은 지금 당장 천국 가고 싶은가?

어떤 사람이 사업의 실패로 부도를 내고 감옥에 갔다 와서 감옥에서 있었던 황당한 일을 이야기해주었습니다. 죄수 중에 교도

소 밖에서 재단사를 불러다가 죄수복을 몸 사이즈에 꼭 맞게 고쳐서 입는 죄수가 있더라는 것입니다. 원래 몸만 가리고 추위나 막으면 그뿐 아무리 딱 맞게 맞춤 수선하더라도 죄수복은 죄수복일 뿐입니다. 설령 몸에 꼭 맞지 않아 불편하더라도 잠깐 입고 있다가 빨리 벗어버려야 할 옷이 죄수복 아닙니까.

그 사람의 말인즉, 그런 사람들은 대부분 감옥 바깥 세상에 대해 아무런 소망이 없는 사람이었다고 합니다. 그들에게 중요한 것은 오로지 현재 이 감옥 안이라는 것이지요. 어쩌면 오늘날 천국을 모르고 사는 이 세상 인생들이 바로 이런 모습일는지도 모릅니다. 하지만 마치 감옥과 같은 이 세상은 내 집이 아닙니다. 우리는 이 세상을 떠나 생명의 아버지가 기다리는 아버지의 집, 천국에 가야 합니다.

교인들에게 "천국 가시기 바랍니다"라고 하면 모두들 "아멘" 하며 기쁘게 화답합니다. 그러나 "지금 천국 가시기 바랍니다" 하면 대개 당황합니다. 더러는 노골적으로 불쾌한 내색을 하기도 합니다. 많은 사람들이 천국이 좋다는 것을 압니다. 하지만 급히 가고 싶어 하지는 않습니다. 솔직한 말로 돈 있고 건강하면 이 세상도 살 만하다고 여기기 때문입니다. 조금만 좋은 곳, 멋진 곳을 보아도 "야, 여기가 천국이다!"라고 말합니다. 그러나 이 말은 도무지 천국을 몰라서 하는 소리입니다.

하나님께서 우리에게 진짜 천국을 보여주신다면 우리는 과연 어떤 반응을 보일까요? 아마 모든 사람이 그 자리에 그대로 주저 앉아서 빨리 천국에 보내달라고 떼를 쓸 것입니다. 천국 이외 다른 모든 것이 의미가 없어져버릴 것입니다. 어쩌면 그래서 하나님께서 우리에게 천국을 보여주지 않는지도 모르겠습니다.

천국은 모든 그리스도인들이 기대하고 간절히 사모할 만한 우리의 영원한 본향입니다. 그리스도인에게 이미 천국행 티켓이 예약되어 있다는 사실이 얼마나 든든한 백인가요? 얼마나 놀라운 축복인가요?

천국 소망이 주는 견고함

천국의 소망이 있는 인생과 천국의 소망이 없는 인생의 차이점은 무엇일까요? 하나님께서 우리에게 천국에 대한 소망을 주시는 이유는 유혹과 핍박 앞에서도 흔들리지 않게 하시기 위해서입니다.

우리는 간혹 아주 신실한 그리스도인이 사회적으로 높은 자리에 앉아 존경을 받다가 어느 날 갑자기 손목에 쇠고랑을 차고 TV에 나타나는 경우를 보곤 합니다. 그것은 그들이 높은 자리가 제공하는 여러 가지 유혹에 넘어갔기 때문입니다. 천국에 대한 소망이 없는 이들은 세상이 제공하는 유혹 앞에서 쉽게 흔들립니다. 훗날 천국에서 자신이 행한 일들을 설명해야 한다는 생각을 하지 못하기 때문입니다.

핍박 앞에서도 마찬가지입니다. 천국에 대한 소망이 없는 사람은 작은 핍박에도 견디지 못합니다. 그러나 천국 소망을 품은 이들은 죽음도 불사하며 그 핍박을 견뎌냅니다. 사도행전에 나오는 스데반이 그랬습니다. 스데반은 돌에 맞아 순교하는 순간에 성령이 충만해져서 하나님의 영광과 예수께서 하나님 우편에 서신 것을 보았습니다.

> 보라 하늘이 열리고 인자가 하나님 우편에 서신 것을 보노라
>
> (행 7:56)

천국의 영광을 본 스데반은 죽음 앞에서 담대할 수 있었습니다. 다른 사람들보다 용감했기 때문이 아니라 천국의 예수님을 본 순간 그에게 순교를 감당할 힘이 생겼기 때문입니다.

천국의 소망을 가진 사람은 고난과 패배를 두려워하지 않습니다. 영원한 나라의 영원한 상급이 이 땅에서 누리는 작은 희락

보다 훨씬 크다는 사실을 알기 때문입니다. 정직하게 살려다가 가난하게 되면 "영원한 하나님나라에 가서 부(富)하게 살면 되지!" 하는 담대함이 있고, 정직하려다가 출세의 길이 막히면 "하나님 나라에 가서 하나님이 주시는 영광과 명예를 누리면 되지"라는 자세를 보입니다.

천국 소망은 죽음이 임박한 노인들을 위한 사은품 같은 메시지가 아닙니다. 소망은 흔들리지 않음과 관련이 있습니다. 여기가 전부가 아니며 지금이 전부가 아니니, 어떤 일이 있어도 우리가 믿는 도리의 소망을 굳게 잡게(히 10:23) 합니다. 소망은 '온전한 삶', '성결한 삶', '헌신의 삶'을 살게 하는 능력입니다.

보는 눈이 다르다!

천국에 대해 눈뜨면 이 세상을 바라보는 시각 자체가 바뀝니다. "새의 눈으로 본다"라는 말이 있습니다. 영어로 'Bird's eye view(조감)'라고 합니다. 이 말은 땅에서 좌우로 살펴보는 것이 아니라 새가 높은 하늘에서 아래를 내려다보는 것처럼 높이 올라가서 보는 것을 뜻합니다.

하늘에서 내려다보는 이 세상은 우리가 늘 지나다니며 보는 것과는 사뭇 다릅니다. 거리에 서서 높은 건물을 올려다보면 하늘을 찌를 듯이 높아 보여도 비행기를 타고 높이 올라가 지상을 내려다보면 그 건물의 높이를 감지할 수 없습니다. 지상에서 산을 올려다보면 굉장히 높다고 생각되지만 공중에서 내려다보면 한라산도 평평해 보입니다. 이처럼 천국에서 보면 우리가 이 땅에서 큰 집에 살든지 작은 집에 살든지 그것은 아무 의미도 없습니다.

우리 교회에 항상 교인들에게 웃음을 선사하고 온갖 궂은일에 발 벗고 나서는 매력적인 인품의 여자 권사님이 계시는데, 하루는 어딘가 달라 보였습니다. 그 권사님이 수줍어하면서 "목사님, 제 눈이 좀 이상하죠?"라고 하기에 자세히 보니 쌍꺼풀 수술을 한 것입니다.

"사람들이 저만 보면 항상 눈 좀 뜨고 다니라고 놀려서요."

변명처럼 웃으며 말씀하시는 권사님에게는 나도 "쌍커풀이 시원하게 잘 되었네요"라고 대답할 수밖에 없었습니다. 그렇지만 나는 한 번도 그 권사님의 눈이 작아서 어떻다는 생각을 해본 적이 없었습니다. 교인들이 느끼는 그 분의 매력과 가치는 그의 눈 크기와 아무 상관이 없습니다. 본인은 작은 눈에 열등감이 있었겠지만 사실 우리에게 그것은 전혀 문제가 되지 않았습니다. 어쩌면 작은 눈이나 납작한 코가 이 땅에서는 문제가 되는지 모릅니다. 그러나 천국에서 보면 아무 의미가 없습니다.

> 나팔 소리가 나매 죽은 자들이 썩지 아니할 것으로 다시 살고 우리도 변화하리라 이 썩을 것이 불가불 썩지 아니할 것을 입겠고 이 죽을 것이 죽지 아니함을 입으리로다 (고전 15:52,53)

분명한 소망

내가 철원에서 군목으로 근무할 때, 평생 잊을 수 없는 꿈을 꾼 적이 있습니다. 내가 죽어서 하나님 앞으로 걸어가는 꿈이었습니다. 나 혼자 걸어가는 길이었습니다. 나는 곧 하나님 앞에 서게 될 텐데, '하나님은 나를 어떻게 맞아주실까?' 하는 생각만 했습니다. 그때 소원은 오직 하나였습니다. 하나님이 안아주시면서 "수고하였다. 착하고 충성된 종아!"라고 하시는 그 한마디를 듣는 것이었습니다. 그 말씀만 들을 수 있다면 다른 어떤 것도 다 버릴 수 있을 것 같았습니다. 그렇게 안타까워하다가 깨어보니 꿈이었습니다.

그 후 "나의 유익을 위하여 살지 않겠습니다"라는 것이 일평생 소원이 되었습니다. 그때 나의 유익을 구하며 살았던 것이 얼마나 두려운 일인가를 경험했기 때문입니다. 만약 그 경험이 없었다면 나의 유익을 포기하는 것이 어렵게만 느껴졌을 것입니다. 그런데 나의 유익을 구하지 않기로 하자 모든 것이 분명해졌습니다.

하나님이 인도하시는 대로 순종하는 일에 모든 갈등이 사라진 것입니다.

나는 죽고 예수로 사는 것이 어렵게 여겨지는 사람은 소망의 눈을 뜨지 못하였기 때문입니다. 천국의 소망을 가지면 십자가는 영광이요 기쁨이며 자랑입니다. 십자가의 삶은 곧 소망이 넘치는 삶입니다.

천국의 안목을 가진 사람은 세상 사람과 전혀 다른 가치를 바라보며 살게 됩니다. 세상과 전혀 다른 고민을 하며 삽니다. 세상이 흉내 낼 수 없는 절제와 인내를 하며 삽니다. 세상이 전혀 이해하지 못하는 담대함으로 삽니다. 세상이 줄 수 없는 평안을 누리며 삽니다. 이것이 천국의 소망을 소유한 자와 소유하지 못한 자의 차이입니다.

손양원 목사님은 사랑하는 두 아들을 한꺼번에 잃고, 장례식을 치를 때, 10가지 감사의 인사를 드렸습니다. 그리고 자기 아들들을 죽인 공산당 청년을 양자 삼았습니다. 손양원 목사님이 어떻게 그럴 수 있었을까요? 소망이 분명했기 때문입니다. 손양원 목사님이 지은 복음성가 중에, '주님 고대가' 라는 복음성가가 있습니다.

낮에나 밤에나 눈물 머금고,
내 주님 오시기만 고대합니다.
가실 때 다시 오마 하신 예수님
오 주여, 언제나 오시렵니까

고적하고 쓸쓸한 빈 들판에서
희미한 등불만 밝히어 놓고
오실 줄만 고대하고 기다리오니
오 주여, 언제나 오시렵니까

먼 하늘 이상한 구름만 떠도
행여나 내 주님 오시는가 해,
머리 들고 멀리멀리 바라보는 맘
오 주여, 언제나 오시렵니까

내 주님 자비한 손을 붙잡고
면류관 벗어들고 찬송 부르면
주님 계신 그 곳에 가고 싶어요
오 주여, 언제나 오시렵니까

신부 되신 교회가 흰옷을 입고
기름 준비 다해 놓고 기다리오니
도적같이 오시마고 하신 예수님
오 주여, 언제나 오시렵니까

천 년을 하루같이 기다린 주님
내 영혼 당하는 것 볼 수 없어서
이 시간도 기다리고 계신 내 주님,
오 주여, 이 시간에 오시옵소서

나 죽고 예수로 사는 사람은 소망의 사람입니다.

주의 재림을 바라보라

이 세상을 떠난 뒤 가게 될 천국을 바라보는 눈을 뜨는 것도 중요하지만, 더 중요한 것은 바로 재림하실 주님의 나라를 보는 눈입니다.

우리는 '천국'에 가게 될 사람들일 뿐 아니라, '주님의 나라'를 위해서 일하는 사람입니다. 천국만 바라보는 사람은 시한부 종말론처럼 현실도피자가 될 가능성이 많습니다. 천국과 주님의 나라는 다른 개념입니다. 천국이 사람이 죽어서 구원 받은 영혼을 위해 예비된 곳(낙원)이라면, 주님의 나라는 하나님을 대적하는 세상 나라가 망하고 약속대로 예수 그리스도께서 다시 오셔서 주님이 온 세상을 다스리며 영원히 왕노릇하시는 곳입니다.

> 세상 나라가 우리 주와 그 그리스도의 나라가 되어 그가 세세토록 왕노릇하시리로다 (계 11:15)

이 말씀은 요한계시록의 핵심 구절이며, 성경의 결론입니다. 성경은 분명히 하나님을 대적하는 세상 나라는 반드시 망하고, 예수 그리스도가 다시 오셔서 영원히 왕노릇하실 것을 말씀하고 있습니다.

그렇다면 성경에서 약속한 하나님나라는 어떤 것입니까? 매일 신문, 잡지, 매스컴에 오르내리는 온갖 더럽고 악한 일들이 이 지상에서 사라지게 됩니다. 비인간적인 일, 음란과 방탕, 모든 슬픔, 눈물, 질병, 고통, 싸움, 죽음이 없는 나라입니다. 정의와 사랑이 온 세상에 충만한 나라입니다.

이사야 선지자는 이렇게 묘사했습니다.

> 그 때에 이리가 어린 양과 함께 거하며 표범이 어린 염소와 함께 누우며 송아지와 어린 사자와 살진 짐승이 함께 있어 어린 아이에게 끌리며 암소와 곰이 함께 먹으며 그것들의 새끼가 함께 엎드리며 사자가 소처럼 풀을 먹을 것이며 젖 먹는 아이가 독사의 구멍에서 장난하며 젖 뗀 어린 아이가 독사의 굴에 손을 넣을 것이라 (사 11:6-8)

모든 칼과 창이 곡괭이와 삽자루로 바뀝니다. 전쟁이 없는 나라입니다. 우리가 바라보는 하나님나라는 인류 역사 이래 사람들이 도저히 꿈꾸지도, 상상하지도 못한 찬란하고 아름다운 나라입니다. 이 하나님나라는 우리의 모든 것을 바쳐도 전혀 아깝지 않은 나라입니다.

그러나 안타깝게도 많은 사람들이 주님의 나라가 이 땅에 도래하는 그 영광을 모르고 있습니다. 그렇기 때문에 이 세상에 빠져서 세상 이익만 구하며 아등바등 살아가는 것입니다.

하나님나라를 위한 사명자

"집사님은 자신의 사명에 대해 생각해보셨습니까?"
"사명이요? 생각해본 적이 없는데요."

이분은 좋은 직장과 직위를 유지하며 열심히 살고 있으며, 모든 복이 하나님으로부터 온 것임을 믿고 있었습니다. 그런데도 사명에 대해서는 생각해보지 않았다고 합니다. 그것은 마지막에 도래할 주님의 나라를 보는 안목이 없기 때문에 그렇습니다. 우리는 비전(vision)을 보는 눈을 떠야 합니다. 비전이 있는 사람이란 곧 주님의 나라를 보는 사람입니다.

예수님은 우리에게 기도하는 법을 구체적으로 가르쳐주셨습니다. 그분이 가르쳐주신 기도의 첫 마디는 "하늘에 계신 우리 아버지여 이름이 거룩히 여김을 받으시오며" 입니다. 이것은 우리가 주님께 드리는 모든 기도의 대전제입니다. 이 대전제에 이어서 예수님이 가르쳐주신 기도의 내용은 이렇습니다.

> 나라이 임하옵시며 뜻이 하늘에서 이룬 것같이 땅에서도 이루어지이다 (마 6:10)

그러나 많은 사람들이 도래할 주님의 나라에는 관심이 없습니다. 예수님이 제자들에게 말세의 징조들을 설명해주시며 걱정하신 부분이 바로 이것이었습니다. 예수님은 마지막 때에 성도가 '준비되지 않은 채' 살아갈 것이라고 말씀하셨습니다.

> 노아의 때와 같이 인자의 임함도 그러하리라 홍수 전에 노아가 방주에 들어가던 날까지 사람들이 먹고 마시고 장가 들고 시집 가고 있으면서 홍수가 나서 저희를 다 멸하기까지 깨닫지 못하였으니 인자의 임함도 이와 같으리라 (마 24:37-39)

사람들은 마치 먹고 마시고, 학교 가고, 취업하고, 집 사고, 차 사고, 시집 장가 가려고 태어난 것처럼 삽니다. 이 일로 염려하고 애쓰고, 기뻐하고, 슬퍼하며 삽니다. 심각하게 생각해야 할 것은 '다시 오실 예수님을 맞이할 때'를 전혀 준비하지 않고 살아간다는 것입니다. 흉악한 죄를 짓지 않고 비교적 정직하게 사는 것이 전부가 아닙니다. 우리가 비록 도덕적으로 살고 있을지 몰라도 어쩌면 세상에 푹 빠져 살고 있는지도 모릅니다. 예수님은 이 점을 더 심각하게 염려하고 계십니다.

소망이 있는 삶이란 주님의 나라가 다가오고 있음을 알고 그 나라를 위해서 준비하며 사는 삶입니다. 주님의 나라에 대해 눈뜨지 못한 사람은 그 나라를 맞을 준비를 하지 못합니다. 그러므로 그 나라에 대해 눈을 뜨는 것이야말로 참된 소망인 셈입니다.

주님의 나라에 눈뜬 사람은 그 나라를 맞을 준비를 하지 않을 수 없습니다. 일제 치하 우리 민족의 한결같은 소망이 바로 '독립'이었듯이 지금 그리스도인들의 한결같은 소망은 바로 주님의 나라가 임하는 것입니다. 우리는 이 세상에 심겨진 주님의 나라의 독립군이며, 우리에게 주어진 임무는 두말할 것도 없이 그 나라의 도래를 준비하는 것입니다.

사명과 상급

하나님나라에 대한 소망에 눈을 뜨면 가장 먼저 생기는 변화가 불평불만이 사라지는 것입니다. 사실 세상을 살다보면 때로 하나님이 불공평하시다는 생각을 하게 될 때가 있습니다. 어떤 사람은 정말 좋은 환경 속에서 사는가 하면 다른 사람은 너무 열악한 조건 속에서 지내기 때문입니다. 그래서 "하나님, 왜 나는 이렇게 어렵게 살아야 하나요?" 하며 탄식할 때도 있습니다. 그러나 소망에 눈뜨게 되면 생각부터 완전히 달라집니다. 이런 불공평한 형편조차 감내할 수 있는 이유가 생기기 때문입니다.

일제 말엽 함경도 나남이라는 도시에 한 여자 거지가 있었습니다. 그 여자는 여기저기서 밥을 빌어먹고, 아이들이 돌을 던지며 놀려대도 실실 웃기만 했습니다. 사람들은 그 여자를 그저 정신 나간 거지로 보았습니다. 그런데 일본이 패망하고 그 도시에 소련군이 진주했을 때, 그 여자가 소련군 장교의 군복을 입고 사람들 앞에 나타났습니다.

그녀는 소련군이 그 도시의 상황을 정탐하기 위해 간첩으로 파견한 소련군 장교였던 것입니다. 그녀는 그동안 자신이 정신 나간 거지 행세를 하며 알아낸 정보를 바탕으로 도시의 지주와 관리들을 잡아들여서 인민재판에 회부했습니다. 소련군 여자 장교는 자기에게 주어진 사명을 감당하기 위해 거지꼴을 하고 사람들의 조롱을 감내했던 것입니다.

하나님을 믿지 않는 사람도 소련군 장교라는 자부심 하나로 거지로 위장하여 자신의 임무를 완수하는데, 하물며 곧 하나님나라의 영광을 보게 될 사람이 사명이 고되다고 불평할 수 있겠습니까? 오히려 자부심을 가질 것입니다.

> 오직 너희는 택하신 족속이요 왕 같은 제사장들이요 거룩한 나라요 그의 소유된 백성이니 이는 너희를 어두운 데서 불러내어 그의 기이한 빛에 들어가게 하신 자의 아름다운 덕을 선전하게 하려 하심이라 (벧전 2:9)

형편이 좋은 사람이나 그렇지 못한 사람에게나 하나님나라의 도래를 준비하는 사명은 똑같이 주어졌습니다. 모든 사람이 편안

하고 좋은 곳에서만 일하려고 한다면 누가 어렵고 힘든 사역지에서 일하겠습니까? 그러나 정말 하나님나라가 임했을 때 하나님 앞에 서게 되면 그때는 입장이 달라질 것입니다. 어려운 곳에서 사명을 감당했던 사람은 말할 수 없이 큰 상과 영광을 받겠지만 편하고 좋은 환경에서 수월하게 일한 사람은 어쩌면 부끄러움에 고개를 숙이게 될는지 모릅니다.

돌짝밭 사명

한번은 서울 어느 큰 교회의 부흥회에 초청되어 그 교회에서 마련해준 숙소에서 유숙한 적이 있습니다. 그 당시 나는 마흔도 안 된 젊은 목사였습니다. 그곳은 서울의 최고급 호텔이었습니다. 잘 꾸며진 정원으로 둘러싸인 호텔은 마치 산속의 어느 고급 별장 같았고, 유럽식으로 꾸며진 방도 정말 아름다워서 눈을 감고 잠들기 억울할 정도였습니다.

하룻밤을 그 방에서 자고 새벽 집회를 인도한 후 다시 호텔 객실로 돌아와 커튼을 활짝 젖히자 눈부신 아침 햇살과 함께 이슬을 머금고 있는 형형색색의 꽃들이 피어 있는 정원이 눈에 들어왔습니다. 그 아름다운 모습을 바라보며 '도대체 내가 뭐기에 이런 호강을 하나?' 하는 생각을 갖게 되었습니다.

그때 불현듯 내 머릿속에 할아버지 생각이 떠올랐습니다. 참 이상한 일이었습니다. 나는 할아버지를 한 번도 뵌 적이 없습니다. 아버지 말씀에 따르면, 할아버지는 6.25전쟁이 터지기 전 평양 사동교회를 담임하고 계셨는데 전쟁이 나자 가족을 모두 남쪽으로 내려보내고 자신은 혼자 남아 교회를 지키다가 인민군들에게 끌려가 순교하셨다고 합니다.

나는 할아버지 생각을 하며 객실 바닥에 무릎을 꿇었습니다. 머릿속으로 홀로 고통스럽게 돌아가신 할아버지의 모습과 현재 이런 호강을 누리는 나의 모습이 겹쳐서 떠올랐기 때문입니다. 그때 깨달았습니다. 내가 누리는 이 호강이 바로 할아버지의 상급이라는 사실을 말입니다.

그날 아침 호텔 객실에 무릎을 꿇고 앉아 얼마나 많이 울었는지 모릅니다. 그때까지 나는 소위 '옥토밭' 목회자였습니다. 이렇게 된 배경에 할아버지의 순교의 피가 있었다는 사실을 나는 잊고 살았습니다. 할아버지는 평생 '돌짝밭'을 일구시다가 순교하셨는데 그 분이 받으셨어야 할 상급을 손자인 내가 대신 누리고 있었던 것입니다.

그 날 이후 나는 돌짝밭 사명이 얼마나 귀한 것인지 깨달았습니다. 더 이상 옥토밭만을 바라지 않게 되었습니다. 지금 옥토에서 호강을 누리다가 훗날 주님의 나라가 임할 때 받을 상급이 없게 된다면 그것은 참으로 어리석은 일이 될 것이기 때문입니다. 비록 지금 돌짝밭에서 피와 땀을 흘릴지라도 주님의 나라가 임할 때 큰 위로와 상급을 받게 된다면 그보다 더 소망스러운 일은 없을 것입니다.

성도들마다 각자 삶의 형편이 너무 다릅니다. 어떤 성도는 독실한 기독교 집안에서 태어나 부모의 적극적인 지원과 보살핌 속에서 순탄하고 기쁘게 신앙생활을 하는 반면, 어떤 성도는 예수를 믿기 위해 가족의 온갖 핍박을 견뎌야 하는 경우도 있습니다. 교회 안에서 감당하는 사역 역시 마찬가지입니다. 어떤 성도는 조금만 일을 해도 이름이 드러나고 사람들의 칭송을 듣는 반면, 어떤 성도는 아무리 열심히 일해도 이름 없고 빛도 없고 아무도 알아주지 않는 경우가 있습니다.

한마디로 신앙생활의 여건은 절대로 공평하지 않습니다. 때로 우리는 그런 공평치 않음 때문에 주님을 원망하기도 합니다. 그러나 만약 우리가 다가오는 주님의 나라에 대해 눈뜬다면 우리는 이런 불공평이 원망의 조건이 아니라 감사의 조건이라는 사실을 알게 될 것입니다.

현재 우리는 어째서 우리가 다른 사람보다 좋지 못한 처지에 있는지 알 길이 없습니다. 아마 하나님만이 아실 것입니다. 그러나 분명한 것은, 우리가 그런 어려운 상황에 놓여 있는 것이 우리에게 은혜를 베푸시려는 하나님의 계획이라는 사실입니다. 그들은 주님의 나라가 임하는 날에 좋은 환경에서 일했던 이들보다 더 큰 상급을 얻을 것이 분명합니다. 그들의 수고가 다른 이들의 그것보다 더 크기 때문입니다. 현재를 바라보면 공평하지 않은 것처럼 보여도 주님의 나라가 도래한 후 그들의 수고는 최우선적으로 보상을 받게 됩니다. 이것이 바로 도래할 주님의 나라를 바라보는 소망의 눈입니다.

하나님나라의 도래를 앞당기는 동지

당신은 교회의 적이 누구라고 생각하십니까? 사탄인가요? 물론 당연히 사탄은 교회의 적입니다. 그런데 실제적으로 교인들이 느끼는 우리 교회의 적이 혹 이웃한 교회라고 생각하는 것은 아닌지 한번 생각해보십시오. 이웃 교회가 부흥하면 기쁘고 감사한가요? 아닙니다. 대개 배가 아픕니다. 대부분의 교회가 이웃 교회보다 더 큰 교회가 되려고 경쟁적으로 전도에 열심을 냅니다.

미국 LA의 한 거리에 새로 개척한 작은 교회가 있었습니다. 'Church On the Way' 라는 오순절 계통의 이 교회는 시간이 지나도 사람들이 모이지 않아 목회자의 근심이 이만저만이 아니었습니다. 그런데 이 교회가 있는 거리의 다른 편에 미국에서 주일학교 교육으로 10대 교회 안에 손꼽히는 'The First Baptist Church'라는 대형교회가 있었습니다. 그 교회는 커다란 예배당 건물하며 교회 앞에 신호등이 4개나 필요할 만큼 큰 규모를 자랑하고 있었습니다.

개척교회의 목회자는 차를 몰고 가다가 그 교회 앞 신호등 앞에 멈춰 설 때마다 극심한 열등감에 몸서리쳤습니다. 그는 현실을 받아들이기 어려웠고 마음속으로 하나님께 불평했습니다. 그러던 어느 날 그는 기도하다가 성령의 감동하심 가운데 자기가 소망하는 '하나님나라'의 확장은 결코 자신의 교회만을 통해서 이루어야 하는 것이 아니라 모든 교회를 통해서 이루어진다는 것을 깨달았습니다.

눈물로써 자신의 옹졸함을 회개한 개척교회 목회자는 그 다음부터 그 교회 앞을 지날 때마다 조용히 그 교회를 축복해달라고 기도할 수 있었고, 그 교회로 들어가는 엄청난 수의 교인들로 인해 더 이상 불행한 심정을 맛보지 않게 되었습니다. 오히려 그는 그 교회를 향해 발걸음을 옮기는 많은 그리스도인들을 보며 진심으로 감사하게 되었습니다.

그런 은혜의 시간이 흐르면서 하나님께서 이 목회자의 기도에 응답하시기 시작했습니다. 'Church On the Way'에는 100여 명이 앉을 수 있는 의자가 있었는데, 아직까지 교인들이 그리 많지 않아서 그 좌석을 다 채우지 못한 채 예배를 드려왔습니다. 목회자는 빈자리에 전도할 대상자의 이름을 적은 종이를 올려놓고 토요일 하루를 온종일 기도했습니다. 그 기도의 응답으로 얼마 지나지 않아 교회의 자리가 모두 차게 되었습니다. 그는 다시 200개의 의자를 마련하고 똑같은 기도의 행진을 이어갔습니다.

하나님께서는 이 기도에도 응답하셨고, 몇 년 후 수천 명의 교인들로 가득한 교회가 되었습니다. 그리고 얼마 후에는 대형교회에서 더 큰 부흥이 일어나 더 넓은 곳으로 교회를 이전하게 되어 'Church On the Way'가 대형교회 그 자리에 그대로 교회를 옮기게 되었습니다. 결국 두 교회 모두 하나님나라를 확장하는 일에 하나가 되었던 것입니다. 같은 소망을 품은 두 교회 모두의 승리였습니다.

일전에 선한목자교회 앞 복정 전철역에서 공문이 온 적이 있습니다. 전철역과 자매결연을 맺으면 역사 안에 독점적으로 전도 광고판을 걸 수 있다는 것입니다. 솔깃한 제안이었지만 고심 끝에 사양했습니다. 전철역 내에서는 어느 교회나 전도할 수 있어야 한다고 판단했기 때문입니다. 전도는 사명이지 교회 간의 경쟁거리나 성장 수단이 아닙니다.

2006년 5월, 나는 심방을 다녀오는 차 안에서 교회 건축이 마무리되는 시점이니만큼, 잘 마치게 해달라는 감사와 기쁨의 기도를 드렸습니다. 그때 주님이 내게 말씀하셨습니다. 이 건물이 완공되는 것이 모든 사람의 기쁨은 아니라는 것이었습니다. 당황스러웠습니다. 불신자들에게는 기쁨이 아니겠지만, 건축 중인 교회 앞을 지나다니면서 오랫동안 콘크리트 골조를 보아온 그리스도인들에게는, 비록 우리 교회 교인이 아니더라도, 정말 감사한 일이라고 여겼기 때문입니다.

그렇지만 주님은 우리 교회 주위에 있는 작은 개척교회를 두고 말씀하셨습니다. 마치 대형 쇼핑몰이 생기면 동네 구멍가게들이 다 망하는 것처럼 큰 교회와 같은 시설도, 프로그램도 없는 개척교회 목회자들이 우리 교회 건물을 바라보며 느끼게 되는 감정을 느끼도록 하신 것입니다.

그래서 봉헌예배를 드리기 전에, 교인들을 주변의 개척교회를 섬기도록 보내겠다고 약속드렸습니다. 주님의 역사를 큰 몫으로 감당하는 교회도 필요하거니와 동네 골목골목의 작은 교회들도 똑같이 필요합니다. 영적 전선에서 한 곳이 무너지면 다 무너지는 것입니다. 이 마음을 교우들과 나누고 개척교회를 찾아가 예배를 드리고 헌신하도록 도전했습니다.

하나님나라의 도래는 개인의 힘만으로, 한 교회의 힘만으로는 결코 앞당겨질 수 없습니다. 이것은 함께 품어야 할 소망입니다. 나는 모든 교회가 도래할 주님의 나라, 이 한 가지 소망으로 하나가 되어 협력하여 부흥을 이루어나가는 그런 꿈을 꿉니다. 이웃 교회는 경쟁자가 아니라 동역자입니다. 우리는 그 나라에서 함께 영광의 면류관을 써야 할 소중한 동지들입니다. 이것은 주님의 나라에 대한 안목이 가져다준 새로운 비전입니다.

그는 나의 나라를 보았다!

나의 셋째 동생은 의사입니다. 그런데 어느 날 그 동생이 찾아와서 선교사로 나가겠다고 말했습니다. 동생의 가족이 선교사 훈련 캠프에 참가하기 위해 떠나는 날, 동생을 위해 기도하다가 내 마음에 이런 의문이 떠올랐습니다.

'도대체 얘가 왜 이런 결심을 하게 되었을까?'

그때 주님이 내 마음에 이렇게 말씀하셨습니다.

"네 동생은 나의 나라를 보았다."

나는 그 음성을 듣고 마음이 뜨거워졌습니다. 의사라는 보장

된 미래를 내려놓고 선교사가 되려고 떠난다는 것은 의사보다 선교사가 더 좋다는 사실을 깨달았기 때문이 아니겠습니까? 그가 주님의 나라의 비전에 눈뜨고 다가오는 주님의 나라를 본 것입니다. 나는 동생을 위해 뜨거운 눈물을 흘리며 기도했습니다.

"주님, 제 동생에게 주님의 나라를 보여주신 것을 감사드립니다. 그가 주님이 보여주신 것으로 인해 앞으로 만나게 될 여러 어려운 일들 역시 능히 이기게 해주십시오."

얼마 후 나는 미국으로 집회를 인도하러 갔다가 동생이 선교사 훈련을 받고 있는 캠프를 방문했습니다. 동생네 가족은 좁은 컨테이너 박스에서 살고 있었습니다. 모두 비좁은 공간에 모여 앉아 식사를 하고 있는데 전화가 걸려왔습니다. 통화를 마친 동생이 자리에서 일어서며 말했습니다.

"형님, 미안해요. 이웃 숙소 싱크대가 고장이 났나봐요. 여기에서는 누구든 한 가지씩 공동체를 위해 일해야 하는데 제가 수리하는 일을 맡았거든요. 지금 급히 가봐야 할 것 같아요."

동생은 그렇게 말하고 몇 가지 공구를 챙겨 들고 털털거리는 고물 트럭을 타고 어디론가 떠났습니다.

그때 나는 숙소로 돌아오면서 참 많은 생각을 했습니다. 세상 사람들의 눈으로 본다면 내 동생은 정상이 아닐 것입니다. 그러나 기독교 역사에는 내 동생과 같은 사람들이 헤아릴 수 없을 만큼 많았습니다. 만약 그런 사람들이 없었다면 아마 오늘 우리도 아직까지 어둠의 세력에 사로잡힌 채 허우적거리고 있을지 모릅니다. 단언컨대 바로 그런 사람들이야말로 다가오는 하나님나라의 일꾼들입니다.

주님의 나라가 오늘 하루 더 가까이 왔다는 사실을 알고 있습니까? 당신은 지금 주님의 나라를 위해 무엇을 하고 있습니까? 사도 바울은 자기에게 유익하던 사회적 신분, 종교적 신분, 학문적 자랑을 모두 배설물로 여기고, 오직 예수님이 그리스도이심을 전하는 일과 이방인들에게 복음을 전하는 삶을 살았습니다. 사도 바울은 어떻게 이렇게까지 살 수 있었을까요?

> 내가 그리스도 안에 있는 한 사람을 아노니 십사 년 전에 그가 셋째 하늘에 이끌려 간 자라 (그가 몸 안에 있었는지 몸 밖에 있었는지 나는 모르거니와 하나님은 아시느니라) 내가 이런 사람을 아노니 (그가 몸 안에 있었는지 몸 밖에 있었는지 나는 모르거니와 하나님은 아시느니라) 그가 낙원으로 이끌려 가서 말할 수 없는 말을 들었으니 사람이 가히 이르지 못할 말이로다 (고후 12:2-4)

사도 바울은 주님이 보여주신 환상과 계시를 통해 셋째 하늘까지 이끌려가서 천국과 역사의 비밀과 다가오는 주님의 나라를 보았습니다. 그러자 예수님의 복음을 모든 족속에게 전하는 것보다 더 귀한 일이 없게 된 것입니다.

> 천국은 마치 밭에 감추인 보화와 같으니 사람이 이를 발견한 후 숨겨두고 기뻐하여 돌아가서 자기의 소유를 다 팔아 그 밭을 샀느니라 (마 13:44)

사도 바울은 밭에 묻힌 보화를 발견하고 자기의 모든 소유를 다 팔아 그 밭을 산 대표적인 인물입니다. 그는 가장 중요한 것을 발견한 즉시 새로운 삶의 방식을 선택했습니다. 주님의 나라를 본 사람의 삶, 천국의 소망을 품은 자의 삶은 이렇게 될 수밖에 없습니다.

이제 우리의 삶 역시 사도 바울처럼 주님의 나라가 도래하기를 소망하며 이 땅에서 하나님나라의 독립군으로 살아가는 사명자의 삶이 되어야 할 것입니다. 우리는 이미 다가올 주님의 나라를 보고 있으며, 그 나라에 대한 소망이 없이는 단 1분도 살 수 없는 하나님나라의 백성이기 때문입니다.

chapter  07

사랑만 하며 사는
축복을 누리는 인생을 살라

사랑하는 자들아 우리가 서로 사랑하자 사랑은 하나님께 속한 것이니
사랑하는 자마다 하나님께로 나서 하나님을 알고 (요일 4:7)

그중에 제일은 사랑이라

당신은 예수님을 믿은 후 성품에 어떤 변화가 생겼습니까? 만약 당신이 예수님을 제대로 믿고 있다면 당신은 아마 사람을 사랑하는 사람으로 바뀌었을 것입니다. 무조건 사랑하는 정도가 아니라 '사랑이 제일'이라고 믿는 사람으로 바뀌게 됩니다.

성도들이 가장 많이 암송하는 성구 중 하나가 고린도전서 13장 13절 말씀일 것입니다.

그런즉 믿음, 소망, 사랑, 이 세 가지는 항상 있을 것인데 그중

에 제일은 사랑이라 (고전 13:13)

진짜 그리스도인이라면 이 말씀이 가슴에 박혀 있습니다. 우리 안에 사랑이 있고 그 사랑이 제일이라고 믿으면 우리는 우리 앞에 놓인 모든 문제를 사랑을 기준으로 처리할 수 있습니다. 반면에 아무리 열심히 교회에 다니고 입만 열면 유행가 가사처럼 사랑 타령만 하는 사람이라도 그 사람 안에 사랑이 없을 수 있습니다. 정작 사랑이 제일이라고 믿지 않는 사람은 문제 앞에 섰을 때 사랑이 아닌 자기 판단과 감정대로 결론짓습니다.

사람에게는 누구나 가장 중요하게 여기는 것이 있게 마련입니다. 내 경우에는 가장 중요하다고 여겼던 것이 시기마다 달랐습니다. 초등학교 시절에는 싸움을 잘 하는 것이 제일 중요하다고 생각했습니다. 내성적인 성격 탓에 싸움은커녕 말다툼 한 번 제대로 못했던 나는 동네 골목대장 노릇을 하던 친구가 늘 부러웠습니다.

그러나 중학교에 진학하자 기준이 바뀌었습니다. 그 당시에는 고교 입시가 있었기 때문에 중학교 입학과 동시에 우열반이 편성되었습니다. 공부를 잘한 나는 1반이 되었고 골목대장이던 친구는 13반이 되었습니다. 중학교에서는 아이들이나 선생님 모두 공부 잘하는 아이를 제일로 여겼습니다. 그런 분위기에서 나는

'싸움을 잘해봐야 소용없구나. 공부 잘하는 것이 제일이야'라고 생각했습니다.

그런데 고등학교에 올라가니까 생각이 또 바뀌었습니다. 사춘기인 그때는 온통 머릿속에 여학생 생각뿐이었습니다. 어떻게 하면 여학생에게 인기가 있을지 항상 고민했습니다. 3센티도 안 되는 머리카락을 계속 빗어 넘기고 교복바지는 항상 칼주름을 잡고 다녔습니다. 그때는 여학생에게 인기 있는 것이 제일이었습니다. 그러나 대학에 들어가보니 돈이 최고였습니다. 모든 것이 돈만 있으면 다 해결되는 것 같았기 때문입니다.

사람들은 나름대로 무엇인가를 제일이라고 여기며 삽니다. 돈보다 명예를 더 추구할 때가 있고, 병에 걸리면 건강이 제일이라고 믿게 됩니다. 당신은 무엇을 '제일'이라고 생각하며 사십니까?

지금껏 목회하면서 나는 많은 성도들을 만나보았지만 '사랑'이 제일이라고 여기며 사는 사람이 참 드물다는 것을 알게 되었습니다. 사랑이 제일이라고 생각하고 항상 사랑으로 모든 문제를 풀어나가는 그런 사람을 별로 만나보지 못했습니다. 이것은 정말 심각한 문제입니다.

사도 요한은 이렇게 기록했습니다.

우리가 형제를 사랑함으로 사망에서 옮겨 생명으로 들어간 줄을 알거니와 사랑치 아니하는 자는 사망에 거하느니라
(요일 3:14)

우리는 흔히 사망에서 옮겨 생명으로 들어가는 조건을 믿음이라고 알고 있습니다. 그러나 이 말씀에서 사도 요한은 형제를 사랑함으로 사망에서 옮겨 생명으로 들어간다고 말합니다. 형제를 사랑하는 조건으로 구원을 받는다면 그것을 어떻게 값없이 받는 은혜라고 할 수 있겠습니까?

사랑함으로써 구원에 이른다

사도 요한이 쓴 다른 성경을 보면 이렇게 기록되어 있습니다.

내가 진실로 진실로 너희에게 이르노니 내 말을 듣고 또 나 보내신 이를 믿는 자는 영생을 얻었고 심판에 이르지 아니하나니 사망에서 생명으로 옮겼느니라 (요 5:24)

이 말씀에서는 누구든지 '믿기만 하면' 사망에서 생명으로 옮겼다고 전합니다. 그렇다면 왜 사도 요한은 처음에는 '믿음으

로써 구원에 이른다'라고 했다가 나중에는 '사랑함으로써 구원에 이른다'라고 했을까요? 사도 요한은 초대교회에 변질된 믿음이 생겼음을 알았습니다. 십자가의 은혜로 구원 받았다고 고백하면서 형제를 용서하지 못하는 사람들이 생긴 것입니다. 사도 요한은 결코 그럴 수 없다고 말합니다.

우리는 구원 받는 데 있어서 믿음은 필수이지만 사랑은 선택이라고 생각합니다.

어느 목사님이 "나 십자가 속죄의 복음이 믿어지지 않아!" 하면 큰일 나는 줄 압니다. "큰일이네, 어떻게 저런 목사가 있을까?" 하고 아마 큰 소동이 일어날 것입니다. 그런데 "정말 그 사람, 미워 죽겠어, 용서가 안돼, 반드시 갚아줄 거야!" 하면 "아휴, 얼마나 힘들어요? 하지만 용서하려고 노력해보세요" 하고 넘어갑니다. 그럴 수도 있다고 생각하기 때문입니다. 어떻게 다 용서하고 다 사랑할 수 있겠느냐고 생각합니다. 예수님을 믿었다면 천국은 들어가게 되어 있고, 사랑하지 못한 것은 천국 들어갈 때, 책망만 좀 듣는다는 정도로 생각합니다. 그래서 교회에 사랑이 사라진 것입니다. 사람이 미워지고 싫어져도 괴롭지 않기 때문입니다.

우리를 향한 예수님의 구속 사역을 믿는다는 것은 곧 죄인인 우리를 사랑하셔서 친히 피 흘려 돌아가심으로 우리를 죄에서 구원해주시고 자녀로 삼아주신 주님의 사랑을 믿는 것입니다. 그런 사랑을 진정으로 믿는다면 그 사랑 때문에 자신 역시 다른 사람들을 사랑해야 마땅합니다. 만약 다른 사람을 사랑하지 않는다면 그는 자신을 향한 주님의 사랑을 믿지 못하는 것과 다름없습니다. 정말 십자가의 복음을 믿는 사람은 사랑의 사람이 될 수밖에 없습니다. 이 때문에 사도 요한은 '믿음으로써 구원에 이른다' 라는 말을 '사랑함으로써 구원에 이른다' 라고 바꿔 표현한 것입니다. 믿음과 사랑은 동의어인 것입니다. 이것을 분명히 하지 않으면 큰일입니다.

> 사랑이 없으면 내가 아무것도 아니요 … 그중에 제일은 사랑이라 (고전 13:2,13)

나는 패트릭 존스턴 선교사가 집필한 《세계 기도정보》라는 책자를 가지고 매일 한 나라씩 중보기도를 하는데 '아이티'라는 나라를 위해 기도하는 중에 엄청난 충격을 받았습니다. 서반구에서 가장 가난한 아이티는 프랑스로부터 독립했습니다. 그때, 나라 전체를 사탄에게 봉헌했다는 사실을 알게 되었습니다. 그들의 땅을 빼앗고 지배하던 프랑스 사람들은 자신들이 하나님의 백성이라고 늘 얘기했고 자기네들은 죽으면 천국 간다고 했고 무덤에도 십자가를 세우고 어느 마을에 들어가더라도 교회를 세웠습니다. 그랬던 그 프랑스 사람들이 자신들에게 얼마나 악독하게 짐승처럼 굴었는지 그들이 너무 미워서 그들이 그렇게 믿는다는 하나님을 저주하고 그 반대편에 있는 사탄에게 나라를 봉헌했다는 것입니다. 이런 기막힌 일이 어떻게 일어날 수 있습니까? 사랑이 없는 기독교는 이렇게 되는 것입니다.

그동안 목회하면서 가장 부끄러운 일 중 하나가 교회 임원을 세울 때 나의 기준이 성경적이지 못했다는 것입니다. 나는 주께서 가장 강조하셨던 점을 아주 쉽게 간과했습니다. 주일 성수, 십일조 헌금, 성경 공부, 교회 봉사 등을 잘하면 임원 자격이 충분하다고 생각했습니다. 사랑은 조금 부족해도 크게 상관하지 않았습니다. 그토록 심사숙고해서 직분을 맡겼건만 왜 그들이 교회를 일으키기는커녕 도리어 문제를 일으키는지 그 이유를 알 수가 없었습니다. 그러나 주님의 교회는 사랑 없이 세워지지 않는다는 것을 깨달았습니다. 처음부터 임원을 세우는 기준이 잘못되었음을 깨달았습니다. 요한은 이렇게 경고했습니다.

하나님의 자녀들과 마귀의 자녀들이 나타나나니 무릇 의를 행

치 아니하는 자나 또는 그 형제를 사랑치 아니하는 자는 하나님께 속하지 아니하니라 (요일 3:10)

우리가 형제를 사랑함으로 사망에서 옮겨 생명으로 들어간 줄을 알거니와 사랑치 아니하는 자는 사망에 거하느니라 그 형제를 미워하는 자마다 살인하는 자니 살인하는 자마다 영생이 그 속에 거하지 아니하는 것을 너희가 아는 바라 (요일 3:14,15)

단적으로 형제를 사랑하지 않는 자는 하나님의 자녀가 아니라는 것입니다. 그러면 그동안 얼마나 사랑이 없는 자, 하나님의 자녀가 아닌 자들을 일꾼으로 세웠다는 말입니까? 사랑으로 자신의 믿음을 증명하는 이들을 세우는 것이 성경적인 목회라는 사실을 나는 나중에야 깨달았습니다.

《놀라운 하나님의 은혜》라는 책을 쓴 필립 얀시 목사님은 서론에서 한 친구 목사의 실화를 소개했습니다. 시카고의 한 창녀와 상담을 하는데, 살기가 너무 어려워서 나이 어린 딸을 변태성욕자에게 팔아서 돈을 번다는 것이었습니다. 이 목사님은 곤혹스러워서 잠시 할 말을 잊었다가, "왜 가까운 교회라도 가서 도움을 받아 보실 생각은 해보지 않았습니까?"라고 물었습니다. 그때 그 창녀는 갑자기 얼굴을 일그러뜨리면서 말했습니다.

"교회요! 거긴 뭣하러 가요? 그렇잖아도 비참해 죽겠는데, 가면 그 사람들 때문에 더 비참해질 거예요."

그럼 우리는 과연 이 창녀에게 "우리 교회에 오세요"라고 할 수 있을까요?

사랑 안에서 똑똑하라?

나는 상황 이해나 판단력이 매우 빠른 편입니다. 그래서 어떤 사건이 생겼을 때, 잘잘못을 따지고 일의 전후를 논리적으로 분석하는 일을 잘합니다. 그러다보니 교회에서 일어나는 여러 문제에 대해 남들보다 더 많은 의견을, 더 강한 어조로 주장하는 경우가 많았고, 내가 나서서 시비를 가려주면 다들 동의하고 수긍하곤 했습니다.

그럴 때마다 나는 이것이야말로 하나님께서 내게 주신 은사라고 믿었습니다. 그러나 내가 성령 안에서 진정으로 거듭난 후 나는 이 부분에 대해 가장 많은 책망을 받았습니다.

"네가 뭘 안다는 거냐?"

여호와 하나님이 그 땅에서 보기에 아름답고 먹기에 좋은 나

> 무가 나게 하시니 동산 가운데에는 생명나무와 선악을 알게
> 하는 나무도 있더라 … 선악을 알게 하는 나무의 실과는 먹지
> 말라 네가 먹는 날에는 정녕 죽으리라 하시니라 (창 2:9,17)

하나님은 선악을 알게 하는 나무의 열매를 따먹지 말도록 명하셨습니다. 그것을 따먹는 날에는 반드시 죽는다고 말씀하셨습니다. 그렇지만 아담과 하와는 이를 어기고 선악과를 따먹었습니다. 아담과 하와에게는 선과 악을 분별하는 눈이 생겼지만 이로써 그들은 타락의 길로 접어들게 되었습니다.

뛰어난 판단력과 분별력을 발휘하는 모습은 교회 안에서도 마찬가지입니다. 누가 잘했고 누가 못했는지, 문제의 핵심은 무엇인지 우리는 아주 잘 분석합니다. 그러나 제아무리 명석하더라도 그것을 사랑으로 감싸고 소화하지 못하면 오히려 교회를 망친다는 사실에 유념해야 합니다. 똑똑하지 말라는 것이 아닙니다. 시시비비를 가릴 필요도 있습니다. 그러나 그 모든 것을 사랑으로 해야 합니다. 사랑이 없는 가운데 옳고 그른 것만 잘 따지는 것은 죄입니다. 사랑으로 하지 못한다면 차라리 안하는 것이 낫습니다.

예수님께서 세리와 창녀조차 사랑하고 받아주셨지만, 당시에 가장 경건하고 의롭게 산다는 바리새인은 저주하고 버리신 까닭

은, 그들이 옳고 그른 것을 따지기만 할 뿐 그들에게 사랑이 없었기 때문입니다.

> 내가 사람의 방언과 천사의 말을 할지라도 사랑이 없으면 소리나는 구리와 울리는 꽹과리가 되고 내가 예언하는 능이 있어 모든 비밀과 모든 지식을 알고 또 산을 옮길 만한 모든 믿음이 있을지라도 사랑이 없으면 내가 아무것도 아니요 내가 내게 있는 모든 것으로 구제하고 또 내 몸을 불사르게 내어줄지라도 사랑이 없으면 내게 아무 유익이 없느니라 (고전 13:1-3)

어느 곳보다 사랑이 많아야 할 교회는 어떻습니까? 오늘의 교회처럼 말이 많은 곳도 없을 것입니다. 교인들이 찾아와 상담하거나 진솔한 교제를 나눈 다음에는 하나같이 "다른 사람들한테는 꼭 비밀로 해주세요. 목사님만 아셔야 해요"라고 토를 답니다. 이런 말을 들으면 가슴이 찢어질 듯이 아픕니다. 그렇게 힘든 사정이 있어도 누구 하나 믿고 기도를 부탁할 사람이 없다는 이야기가 아닙니까? 기도를 부탁했는데 소문만 무성해집니다. 소문을 듣고 가만히 있는 것이 아니라 그 똑똑한 머리로 또 다른 사람을 함부로 판단하기 일쑤입니다. 결국에는 고통 받는 당사자를 다시금 고통스럽게 만들어버리는 것입니다.

　이것이 과연 우리가 정말 똑똑해서 벌어지는 일입니까? 성경에 기록된 대로 사랑이 제일이라고 믿는다면 그럴 수 없습니다. 옳고 그른 것을 따지다보면 타락한 인간은 서로 밟고 올라서거나 상대를 죽이는 입장에 서게 됩니다. 사랑을 으뜸에 놓지 않으면 이런 일은 얼마든지 생길 수 있습니다.

　옳고 그른 것을 판단하실 수 있는 분은 오직 하나님뿐이십니다. 어떻게 해야 우리가 서로 사랑하고 세우고 살릴 수 있겠습니까? 영혼을 살려야 할 교회가 영혼을 실족시키고 죽음으로 몰아갈 수도 있다는 것은 얼마나 심각하고 두려운 일인지 모릅니다.

사랑할 때를 놓치지 말라

　부산에서 목회할 때의 일입니다. 큰 회사의 대표이사라는 분이 교회에 등록하기 원한다는 연락이 왔습니다. 그런데 이분이 등록하기에 앞서 나와 면담하고 싶다고 해서 만날 약속을 했습니다. 약속한 날 저녁, 약속 장소인 호텔 커피숍으로 차를 몰고 가는데 이상하게 마음이 편치 않고 두려움이 밀려왔습니다. 이유를 알 수 없어서 주님께 물었습니다.

　'주님, 혹시 제가 잘못한 게 있나요?'

그러자 불현듯 마음에 한 여자 성도가 떠올랐습니다. 교회에 나오기 시작한 지 얼마 되지 않았고, 그나마 나오다 말다 하는 성도였습니다. 그런데 옷가게를 하다가 부도를 내고 구치소에 수감되었습니다. 가족과 친척들이 함께 투자해서 벌인 사업이었는데 막상 부도가 나자 모든 책임을 혼자 뒤집어쓴 것입니다. 더 딱한 것은 가족들 중 아무도 그 분을 찾아가지 않는다는 것이었습니다. 심방전도사를 통해 그 소식을 들어 알고 있었지만 교회의 여러 일들로 바빠서 미처 면회 갈 엄두를 내지 못하고 있었습니다. 그 순간 주님이 그 일을 책망하신다고 느꼈습니다.

'너는 회사 대표이사 만나는 일에는 시간이 나고, 지극히 작은 자인 불쌍한 교인을 돌보는 일에는 시간이 없느냐?'

정말 무서운 순간이었습니다. 나도 모르는 사이에 내가 사람을 차별하는 삯꾼 목사가 되어 있었다는 생각에 하나님 앞에 얼마나 회개했는지 모릅니다. 이미 저녁이라 면회가 안 되니 다음날 아침 일찍이 면회를 가겠노라 주님께 약속했습니다.

다음날 아침 그녀가 수감되어 있는 구치소를 찾아갔습니다. 그녀는 나를 보자마자 펑펑 눈물을 쏟으며 면회 시간이 다 가도록 울기만 했습니다. 결국 간신히 면회시간을 조금 연장하고 나서 함께 기도할 수 있었습니다. 하나님의 은혜로 그녀는 내가 면회를 다녀온 지 며칠 안 되어 집행유예로 풀려났습니다. 만일 그때라도 면회를 가지 않았다면 훗날 하나님 앞에 섰을 때 "너는 내가 옥에 갇혔을 때 돌아보지 아니하였다"라는 책망을 면할 길이 없었을 것입니다. 얼마나 가슴 철렁한 일인지요.

사랑이 제일이라고 생각하지 않으면 사랑할 때를 놓치고 맙니다. 그것은 곧 주님을 만날 때를 놓치는 것과 같습니다.

표현하지 않으면 안 되는 사랑

나는 사랑에 대해서 참 부족한 사람입니다. 어머니가 돌아가셨을 때 동생이 내게 해준 이야기를 듣고 나는 참 많이 울었습니다. 어머니는 생전에 "맏이는 속은 어떤지 모르겠는데 표현이 너무 없다"라는 말씀을 하셨다고 합니다.

나는 어머니에게 사랑한다는 말 한 번 제대로 하지 못했습니다. 반면에 선교사로 나가 있는 셋째 남동생은 어머니께 얼마나 살갑게 대했는지 모릅니다.

"어머니가 제일 미인이세요!"

"어머니, 어깨 주물러드릴까요?"

이런 동생의 말을 들으면 나는 닭살이 돋았습니다. 남자가 묵직하게 속으로 사랑하는 것이지 사랑한다느니 예쁘다느니 하면서 경박하게 표현하는 것은 문제가 있다고 생각했습니다. 그런데 어머니 마음은 그게 아니었던 것입니다. 얼마나 회한의 눈물을 흘렸는지 모릅니다. 그 속을 모르는데 아무리 속 깊이 사랑한들 무슨 소용이 있겠습니까.

나는 아내에게도 사랑한다는 말을 못했습니다. 경상도 남자가 대개 아내에게 사랑한다느니 고맙다는 말에 인색합니다. 그런데 목회를 하다보니 문제가 생겼습니다. 가정주일 설교를 준비하면서 책을 읽다보니 표현되지 않은 사랑은 사랑이 아니라는 것입니다. 나는 '남편들아, 아내를 사랑한다면 표현하라'라는 내용의 설교문을 작성했습니다. 그런데 정작 마음에 걸리는 것이 아내였습니다. 내가 그렇게 설교하면 아내가 "당신이나 잘하세요"라고 할 것만 같았습니다.

'이 설교를 하려면 내가 먼저 아내에게 사랑한다고 말해야겠구나!'

나는 아내에게 사랑한다는 고백을 하기로 작정했습니다. 그런데 그것이 말처럼 쉽지 않았습니다. '오늘은 꼭 해야지'하고 날마다 별렀지만, 막상 아내의 얼굴을 보면 도무지 말이 나오지 않았습니다. 그렇게 며칠을 보내고 마침내 토요일이 되었습니다. 그날이 마지막 기회였습니다.

외출하고 돌아온 아내가 현관문을 열고 들어서는 순간 고백하려고 기다렸는데 아내의 얼굴을 보자 또다시 말문이 막혔습니다. 나는 어색한 표정을 감추느라 아내를 외면하면서 말했습니다.

"여보, 사랑해."

아내는 자신의 귀를 의심하는 표정으로 나를 바라보더니 눈물이 맺힌 얼굴로 말했습니다.

"여보, 정말 고마워요. 그동안 속상하고 답답하고 힘들었던 일들을 모두 잊게 해주는 말이에요."

나는 목사 아내는 사랑한다고 표현하지 않아도 사는 줄 알았습니다. 돈이 드는 것도 아니고 많이 배워야 할 수 있는 것도 아닌데, "사랑한다"라는 말 한마디가 그렇게 아내를 행복하게 하는 줄 몰랐습니다.

병든 사랑을 회복하라

딸아이가 중학교 때 내게 조심스럽게 말을 꺼냈습니다.

"아빠, 저 주일에 다른 교회에 나가면 안 돼요?"

얼마나 힘들면 그랬을까요? 목사 자녀들은 교회에서 힘들 수밖에 없습니다. 모든 사람들이 자신을 알고 주목하는 환경에서 산다는 것은 몹시 부담스러운 일입니다. 나는 단순히 그런 이유 때문에 나온 말이라고 생각했습니다. 그런데 딸의 이야기가 아빠가 무섭다는 것입니다.

딸아이는 초등학교 1학년 때 내가 회초리까지 들고 몹시 야단친 일을 생생히 기억했습니다. 그 당시 나는 사람들의 손가락질을 받게 되지 않을까 하는 마음에 아이들을 엄하게 교육했습니다. 그런데 그때 딸아이의 가슴에 무서운 아빠 얼굴이 오래도록 꽉 박혔던 모양입니다. 나는 교육이라고 생각했지만 아이에게 상처로 남아 아빠를 두려워하고 교회 안에서 숨 막혀 하기 시작한 것입니다.

나는 딸의 문제를 놓고 기도하며 하나님 앞에 통곡했습니다. 어머니와 아내와 딸까지, 나는 어째서 가까운 사람에게 상처만 주는 것일까 하는 생각에 너무나 괴로웠습니다. 그때 하나님께서 내 어린 시절을 보여주셨습니다. 내 속에 사랑이 병들어 있는 모습을 조명해주셨습니다.

나는 목사의 아들로 자라나면서 항상 기를 펴지 못하고 지냈습니다. 언제나 어수선했던 교회 분위기상 어린 마음에 나도 잘못하면 안 된다는 중압감을 느꼈습니다. 심지어 어느 교회의 목사 아들이 하도 망나니짓을 해서 그 목사가 교회에서 쫓겨났다는 말까지 듣자 '내가 잘못하면 우리 아버지도 쫓겨나겠구나!' 하는 생각까지 했습니다.

나는 초등학교에 다닐 때부터 정말 열심히 공부했습니다. 선생님 중에도 교인이 있었기 때문입니다. 목사 아들이 공부를 잘하는지 안하는지 교회에 소문이 다 날 테니 열심히 공부해야 한다고 생각했습니다. 만나는 사람마다 인사도 꼬박꼬박 90도로 했습니다. 그래서 부모님이 동생들에게 "형 좀 본받아라"라고 하시면 동생들이 본받을 만한 형이 되기 위해 또 노력했습니다. 투정도 하지 않았고 좋은 것도 싫은 것도 잘 표현하지 않았습니다. 어릴 때부터 마치 감정이 없는 사람처럼 지냈습니다.

하지만 어른들이 보기에는 천하에 없는 모범생이었습니다. 보채기를 하나 조르기를 하나 싫다고 하기를 하나 떼쓰기를 하나 뭐든지 하라는 대로 하는 착한 아들이었습니다. 혼자일 때는 몰랐는데 결혼을 하고 보니 표현할 줄 모른다는 것이 가족에게 큰 고통이 되었던 것입니다. 나도 사랑을 느낍니다. 내게도 좋은 것 싫은 것이 있습니다. 그런데 그것이 꽉 눌려 있었습니다. '표현하면 안 된다, 표현하면 나쁜 것이다' 라는 생각이 신앙처럼 가슴에 박혀 있었습니다.

내면의 상처를 알게 된 나는 내게 사랑의 마음을 달라고, 좋아하는 것, 사랑하는 것을 표현할 수 있게 해달라고 기도했습니다. 사랑 없이 어떻게 가정을 이끌며 사랑 없이 어떻게 목회를 할 수 있겠습니까?

> 사랑은 언제까지든지 떨어지지 아니하나 예언도 폐하고 방언도 그치고 지식도 폐하리라 (고전 13:8)

세월이 흘렀습니다. 유학 중인 딸에게서 국제전화가 왔습니다. 내가 전화를 받았더니 밑도 끝도 없이 "아빠, 감사해요"라고 합니다. '지금까지 자신에게 가장 귀중한 영향을 준 사람에게 감사 인사하기'라는 과제를 하면서 바로 아빠 생각이 들더라는 것입니다. 아빠가 존경스럽다고 했습니다. 나는 눈물이 핑 돌았습니다. 기도한 대로 지금까지 하나님께서 나를 바꿔오신 것일까요? 애꿎은 어린 딸을 숨 조이게 만들던 독한 아버지가 어느덧 딸에게 감사하다는 인사를 받게 되었으니 말입니다.

하나님께서는 여러 상황을 통해 우리 안에 사랑 없음을 발견하게 하십니다. 우리가 사랑할 수 있게 해달라고 몸부림치며 기도하게 하시는 것입니다. 우리가 애타게 '사랑'을 원하며 기도하면 하나님은 사랑을 부어주시고 우리가 하나님의 사랑으로 사랑할 수 있게 해주십니다.

이제 우리가 할 일은 그 사랑을 표현하는 것입니다. 우리가 예수님을 믿고 하나님의 큰 사랑을 받았다면 이제 그 사랑을 가족과 교인과 만나는 사람 모두에게 표현해야 합니다. 사랑받은 자로 사랑을 전하도록 하는 것, 이것이 하나님의 계획이기 때문입니다.

대접받고자 하는 대로
기도의 응답도 사랑과 관련이 있습니다.

> 구하라 그러면 너희에게 주실 것이요 찾으라 그러면 찾을 것이요 문을 두드리라 그러면 너희에게 열릴 것이니 (마 7:7)

정말 놀라운 약속입니다. 그런데 실제로 살면서 기도하다보면 이 말씀처럼 되지 않을 때가 많습니다. 구해도 안 되는 것이 많고 두드려도 열리지 않을 때가 더 많습니다. 그 이유가 무엇입니까?

> 그러므로 무엇이든지 남에게 대접을 받고자 하는 대로 너희도 남을 대접하라 이것이 율법이요 선지자니라 (마 7:12)

하나님의 응답을 받기 원한다면 먼저 다른 사람에게 부응해 주는 삶을 살아야 합니다. 그 사람에게 주고 찾아주고 열어주라는 말씀입니다. 곧 대접받고자 하는 대로 먼저 대접하라는 것입니다. 하나님께는 자신의 소원을 들어달라고 아뢰면서 어째서 다른 사람의 부탁은 모른 척합니까? 내가 다른 사람을 대하는 모습이 기도 응답을 받을 만한 행동이 아니기 때문에 하나님께서도 우리의 기도에 응답해주실 수 없을 때가 많습니다.

남편과 아내 사이도 마찬가지입니다.

> 남편 된 자들아 이와 같이 지식을 따라 너희 아내와 동거하고 저는 더 연약한 그릇이요 또 생명의 은혜를 유업으로 함께 받을 자로 알아 귀히 여기라 이는 너희 기도가 막히지 아니하게 하려 함이라 (벧전 3:7)

이 말씀은 "아내를 잘 돌보고 아내를 귀하게 여겨라. 그래야 하나님께서도 남편인 너의 기도에 응답해주신다"라는 뜻입니다. 아내에게 잘못하면서, 아내가 원하는 것은 들어주지도 않으면서 하나님께 기도하면, 하나님께서도 그 남편의 기도에 응답하지 않으십니다. 부부 사이에도 서로 용납하고 서로의 요구를 들어주는 삶이 선행되어야 하나님께서 그들의 기도를 들어주십니다.

당신 주변에 어려운 사람이 있습니까? 도움을 요청하는 사람이 있습니까? 할 수 있는 데까지 그를 도와주고자 하는 마음이 있습니까? 그래야 하나님께서도 당신의 필요를 도우십니다.

사랑하고 받는 복

복이 어떻게 오는지 아십니까? 내가 만일 누군가를 도왔는데, 그가 도저히 갚을 능력이 없는 사람이라면 그는 내게 고맙다는 마음을 품는 것 외에 달리 할 도리가 없을 것입니다. 그러면 하나님께서 그것을 갚아주십니다. 그래서 가난하고 어려운 사람을 돕는 것이 하나님의 복을 받는 조건이 되는 것입니다.

부산에서 목회할 때 교회에서 행려자 급식소를 운영하게 된 사연이 있습니다. 교회가 역에서 가깝다보니 구걸하러 교회로 찾아오는 사람이 많았습니다. 하루는 진탕 술을 마시고 교회에 와서 온갖 행패를 부리는 걸인이 있어서 어쩔 수 없이 경찰을 불러 끌어낸 적이 있었습니다. 그런데 그가 끌려 나가면서 온갖 욕설을 퍼부으며 하는 이야기가 "교회에 와서 도와달라고 하는 사람을 경찰을 불러 끌어내다니, 이게 교회냐?"라는 것입니다. 그 소리에 나는 얼마나 가슴이 아팠는지 모릅니다. 예수님이라면 이렇게 하셨을까요?

그 후 앞으로는 그런 사람들이 찾아오면 어떻게든 돕기로 했습니다. 배가 고파서 오면 밥을 해주고, 옷이 없어서 오면 옷을 주고, 약이 없어서 오면 약을 사주기로 했습니다. 그렇게 하다보니 아침마다 200명이 넘는 사람이 급식소로 모이기 시작했습니다. 그 당시 교회의 교인수를 생각해보면 교인 수만큼의 걸인이 매일 아침, 밥을 먹으러 교회 마당을 밟은 셈입니다. 본격적으로 그들을 돕기 위해 식당도 새로 짓고 샤워실도 만들었습니다.

그런데 그 후 교회가 복을 받기 시작했고 성도들이 복을 받기 시작했습니다. IMF 시절이었는데도 불구하고 교회 주변의 필요한 땅을 살 수 있을 정도로 교회는 놀라운 재정의 복을 받았습니다.

어떻게 이런 일이 벌어졌는지 곰곰이 생각해보다가 나는 깨달았습니다. 급식소에서 밥을 먹고 나가는 사람들마다 연방 "고맙습니다!"라고 인사했습니다. 바로 그 말을 하나님께서 갚아주셨다고 나는 믿습니다. 교회가 베푼 대접에 갚을 능력이 없는 그들이 품은 감사를 하나님께서 다 들으시고 대신 갚아주신 것입니다. 이것이 사랑하고 받는 축복입니다.

> 내가 주릴 때에 너희가 먹을 것을 주었고 목마를 때에 마시게 하였고 나그네 되었을 때에 영접하였고 벗었을 때에 옷을 입혔고 병들었을 때에 돌아보았고 옥에 갇혔을 때에 와서 보았

느니라 … 내가 진실로 너희에게 이르노니 너희가 여기 내 형제 중에 지극히 작은 자 하나에게 한 것이 곧 내게 한 것이니라 (마 25:35,36,40)

사랑이 세상을 이긴다

요한일서에는 "우리가 서로 사랑하자"(요일 4:7)라는 말씀이 기록되어 있습니다. 성도들에게 "서로 사랑하십니까?"라고 물어보면 다들 사랑한다고 대답합니다. 하지만 엄밀히 말하면 이것은 사랑하는 것이 아니라 친한 것에 불과합니다. 사랑이 무엇입니까? 내가 가진 전부를 주어도 아깝지 않은 것입니다.

만약 당신이 쫄딱 망해서 길거리에 내몰렸다고 해보십시오. 교인 중에서 "우리 집에 오세요! 우리 식구들은 이 방에 가서 지낼 테니, 집사님 네가 저쪽 방 쓰세요. 하나님이 언젠가 회복시켜주실 테니 여건 좋아질 때까지 우리 집에 계세요"라고 하며 맞아줄 만한 사람이 몇 명이나 되겠습니까? 정말 부담 없이 가서 신세를 질 만한 집이 있습니까? 반대로 이런 처지가 된 우리 교인이 있을 때 당신도 선뜻 "우리 집으로 오세요. 수저만 몇 개 더 놓으면 되죠"라고 말할 수 있는지 스스로 물어보십시오. 사실 이런 일은 대단히 부담스러운 일입니다. 그렇지만 사랑한다는 것은 그렇게 하는 것입니다.

너나 할 것 없이 우리가 사랑을 믿지 못하기 때문에 하나님의 말씀대로 살지 못하는 것입니다. 말씀대로 살았다가는 손해를 볼까 두려워서 사업을 해도 속이면서 하고 장사를 해도 저울눈을 속이고 직장생활을 해도 불성실하고 비겁하게 합니다. 말씀대로 살았다가 쫄딱 망하면 누가 책임져주나 겁이 나기 때문입니다. 내가 망해도 누구 하나 나를 도와줄 사람이 없다고 생각합니다. 결국에는 하나님을 신뢰하는 사랑이 없으니까 하나님의 말씀을 지키며 사는 실력을 발휘하지 못하는 것이 아니겠습니까?

사랑이 없으면 세상을 이길 수 없습니다. 초대 교회 성도들이 핍박 가운데서 살아남은 것은 그들이 서로 사랑했기 때문입니다. 중국 공산주의 치하에서 중국 교회가 살아남은 것은 가정 교회가 사랑으로 똘똘 뭉쳤기 때문입니다. 사랑은 어떤 어려움도 이겨냅니다.

사랑만 하고 사는 축복

사랑하라는 말은 손해보고 살라, 바보같이 살라는 말이 아닙니다. 오직 사랑만 하며 살 수 있는 복을 받았다는 말입니다.

2006년 가을, 미국에서 부흥회를 마치고 한국으로 오는 비행기에 탑승했습니다. '이제 한국에 가는구나'라고 생각하는데 갑자기 가슴이 오그라드는 듯한 고통을 느꼈습니다. 숨쉬기 어려울 정도로 답답했습니다.

그 즈음 교회는 매주 결제해야 하는 이자 문제가 쌓여가고 있어서 이대로 가다가는 심각한 상태를 맞이할 지경이었지만, 오래전에 약속해놓은 집회를 취소할 수 없어서 그냥 맡겨놓고 집회를 인도하러 떠났습니다. 먼 이국에서의 짧은 한 주였지만 선한목자교회 담임목사라는 자리를 잠시 내려놓고 있다가 다시 그 짐을 지려고 하니 중압감이 밀려온 것입니다.

"하나님, 정말 힘듭니다."

그러나 나는 이 마음이 주님이 주시는 것이 아니라는 것을 알았습니다. 그래서 이런 일이 있을 때마다 하는 고백을 드렸습니다.

"예수님, 저는 예수님과 함께 죽었습니다. 이제 제 안에 사시는 분은 예수님이십니다. 예수님이 제 생명이고 제 주인이십니다!"

그제야 마음이 평안해지기 시작했습니다. 믿음이 일어났습니다. 하나님은 내게 교회를 책임지라고 하지 않으셨습니다. 교회는 예수님이 이끄시고 책임지신다는 것을 깨닫게 하셨습니다.

"그러면 담임목사인 저는 무엇을 해야 합니까?"

나는 주님께 물었습니다.

"사랑하는 것이지!"

주님은 너무나 간단하게 대답하셨습니다.

그렇습니다. 내가 할 일은 하나님께서 나를 사랑하셨듯이 교역자를 사랑하고 장로님들을 사랑하고 교인들을 사랑하는 것뿐이었습니다. 하나님의 명령은 오직 하나였습니다.

"내가 너를 사랑한 것같이 너희도 서로 사랑하라."

그때 나의 마음에 놀라운 기대가 일어났습니다. 기뻤습니다. 교회에 빨리 가보고 싶었습니다.

사랑에 대한 오해가 있습니다. 사랑하고 용서하는 것이 어렵다, 불가능하다는 것입니다. 그러나 사랑이 어려운 것은 우리 자신의 힘으로 사랑하려니까 힘든 것입니다.

사랑하라는 말은 예수님의 사랑으로 하라는 것입니다. 어떻게 예수님의 사랑으로 사랑할 수 있을까요? 십자가의 복음을 정확하게 알아야 합니다. 예수님께서 십자가에서 죽으실 때 우리도 함께 죽고, 부활하실 때 우리도 함께 부활하여 새 생명으로 살게 되었다는 것이 복음입니다.

만일 우리가 그리스도와 함께 죽었으면 또한 그와 함께 살 줄

을 믿노니 (롬 6:8)

우리가 할 수 있는 것은 "나는 예수님과 함께 죽었습니다!" 하고 시인하는 것입니다. 그 다음에는 예수님께서 역사하십니다.

> 내가 그리스도와 함께 십자가에 못 박혔나니 그런즉 이제는 내가 산 것이 아니요 오직 내 안에 그리스도께서 사신 것이라 이제 내가 육체 가운데 사는 것은 나를 사랑하사 나를 위하여 자기 몸을 버리신 하나님의 아들을 믿는 믿음 안에서 사는 것이라 (갈 2:20)

"나는 죽었습니다"가 사랑입니다. 사랑하려고 노력하는 것이 아닙니다. 사랑은 되어지는 것입니다. 이것이 성령의 열매이며 진짜 예수 믿는 것입니다.

지금 힘들게 하는 사람이 있습니까? 도저히 사랑할 수 없을 것 같은 사람이 있습니까? 이렇게 고백해보십시오.

"주님, 나는 죽었습니다! 주님 맺힌 마음을 풀지 못하는 나는 죽었습니다. 용서하지 못하는 옹졸한 나는 예수님과 함께 이미 죽었습니다."

"나는 죽었습니다"가 사랑입니다. 사랑하려고 노력하는 것이 아닙니다. 사랑은 되어지는 것입니다. 이것이 진짜 예수 믿는 것입니다. 사랑하라는 말은 손해 보라는 말이 아닙니다. 오히려 오직 사랑만 하며 살 수 있는 복을 받았다는 말입니다.

2004년 중국 코스타 때 한 자매가 상담을 요청해왔습니다. 하나님께서 외도로 어머니와 자신을 버리고 간 아버지를 용서하라는 마음을 주셔서 너무나 괴롭다는 것입니다. 그뿐 아니라 아버지를 찾아가서 사랑한다고 말하라고 하셨다는 것입니다. 자매는 눈물을 글썽이며 꼭 그렇게까지 해야 하느냐고 내게 물었습니다. 그때 주님이 주신 마음이 있었습니다.

"자매에게 용서하라는 메시지를 주신 것은 자매를 힘들게 하기 위함이 아니라 앞으로 만나게 될 형제와의 사랑의 관계를 준비하라는 뜻입니다. 아버지를 용서하지 못하면 자매는 사랑하는 형제에게 말할 수 없는 고통이 될 것입니다."

그 자매는 통곡하며 울었지만 아버지를 용서하라는 하나님의 말씀이 진정한 사랑임을 깨달았습니다.

새 계명을 너희에게 주노니 서로 사랑하라 내가 너희를 사랑한 것같이 너희도 서로 사랑하라 (요 13:34)

이렇게 모든 축복과 능력과 약속이 사랑과 연결되어 있습니다. 하나님은 그저 사랑하라고 하시지 않았습니다. 그랬다면 사랑하라는 것이 무거운 짐이 되었을 것입니다.

예수님이 주님이 되셨으니 모든 짐과 문제는 예수님께 다 맡기고, 염려할 것 없고 두려워할 것 없이 우리는 오직 "사랑하기만 하면 된다"는 것입니다. 행복 중의 행복입니다.

예수 믿는 것은 행복이고 자유입니다. 십자가에서 나를 위해서 죽으신 주님과 함께 내가 죽었기에, 나의 죄, 연약함, 좌절, 실패는 이미 주님이 담당하셨으며 주님의 사랑, 기쁨, 충만함은 내 것이 되었습니다. 그 주님이 지금 내 안에 계셔서 나를 인도하신다는 사실을 믿고 주님만 바라보면 주님이 친히 하십니다. 믿음, 소망, 사랑도 다 주님이 주십니다.

| 에필로그

예수님 한 분이면 충분합니다!

저는 이 책을 통해 저처럼 어려서부터 예수를 믿었지만 예수님과의 인격적인 만남에 대해서 알지 못하고, 늘 교회 안에서 살아도 생생한 하나님과의 교제를 모르는 모든 그리스도인들에게 오직 예수님을 바라보는 눈을 뜨게 해드리고 싶었습니다.

이 책을 출간하면서, 그간 저와 함께 믿음의 실험에 동참해온 부산제일교회, 안산광림교회의 교우들에게 감사드립니다. 그들이 부족한 젊은 목사를 신뢰하며 믿음의 실험을 해나가는 일에 기꺼이 동참해주었고, 때로는 믿음으로 사는 일에 저의 스승이 되어주었습니다.

무엇보다 현재 저와 함께 믿음의 실험을 하고 있는 선한목자교회의 모든 교우들에게 감사드립니다. 5년 전, 건축의 빚과 상처를 안고 재창립된 선한목자교회는 믿음이 없이는 한 걸음도 내디딜 수 없는 형편에 있었습니다. 마치 바다 위를 걷던 베드로처럼, 오직 주님을 바라보며 발걸음을 옮길 수밖에 없는 환경이 저와 교우들의 믿음을 세워주었기에 어려움이 곧 놀라운 축복이 되었음을 고백합니다.

사랑하는 선한목자교회의 동역자들에게도 깊이 감사드립니다. 십자가에서 이루어진 자신의 죽음을 삶으로 나타내 보이라는 도전을 달게 받고 함께 믿음의 여정에 오른 이들이기 때문입니다.

사랑하는 아내와 두 딸에게도 감사와 사랑을 전합니다. 아내의 주(主)를 향한 갈망과 목마름이 제가 주님 한 분이면 충분한 목회를 할 수 있는 용기가 되었고, 두 딸은 제가 전하는 복음이 진짜인지 비추어주는 거울이 되었습니다.

이 책의 출간을 위해 적극적으로 애써주신 여진구 대표 이하 규장의 모든 분들에게 감사드립니다.

저는 아직 예수님으로부터 배울 것이 많습니다. 저는 더 배우고 싶습니다. 예수님을 더 알고 싶을 뿐입니다. 오, 예수님, 제게 가르치소서. 저는 예수님 한 분이면 충분합니다!

유기성

나는 죽고 예수로 사는 사람

초판 1쇄 발행	2008년 9월 16일
초판 148쇄 발행	2025년 6월 18일

지은이　　　유기성

펴낸이	여진구		
책임편집	안수경		
편집	이영주 박소영 최현수 구주은 김도연 김아진		
책임디자인	마영애 노지현 조은혜 정은혜 남은진		
홍보·외서	진효지		
마케팅	김상순 강성민	마케팅지원	최영배 정나영
제작	조영석 허병용	경영지원	김혜경 김경희

303비전성경암송학교 유니게 과정
이슬비전도학교 / 303비전성경암송학교 / 303비전꿈나무장학회

펴낸곳　　　규장

주소　06770 서울시 서초구 매헌로 16길 20(양재2동) 규장선교센터
전화　02)578-0003　　팩스　02)578-7332
이메일　kyujang0691@gmail.com　　　　　홈페이지　www.kyujang.com
페이스북　facebook.com/kyujangbook　　인스타그램　instagram.com/kyujang_com
카카오스토리　story.kakao.com/kyujangbook
등록번호 1922-2461
since 1978.08.14

ⓒ 저자와의 협약 아래 인지는 생략되었습니다.
이 출판물은 저작권법에 의해 보호를 받는 저작물이므로 무단 전재와 무단 복제를 할 수 없습니다.

책값　뒤표지에 있습니다.
ISBN 978-89-6097-064-9 03230

규│장│수│칙

1. 기도로 기획하고 기도로 제작한다.
2. 오직 그리스도의 성품을 사모하는 독자가 원하고 필요로 하는 책만을 출판한다.
3. 한 활자 한 문장에 온 정성을 쏟는다.
4. 성실과 정확을 생명으로 삼고 일한다.
5. 긍정적이며 적극적인 신앙과 신행일치에의 안내자의 사명을 다한다.
6. 충고와 조언을 항상 감사로 경청한다.
7. 지상목표는 문서선교에 있다.

하나님을 사랑하는 자 곧 그의 뜻대로 부르심을 입은 자들에게는 모든 것이 合力하여 善을 이루느니라(롬 8:28)

규장은 문서를 통해 복음전파와 신앙교육에 주력하는 국제적 출판사들의
협의체인 복음주의출판협회(E.C.P.A:Evangelical Christian Publishers
Association)의 출판정신에 동참하는 회원(Associate Member)입니다.